世界上最聪明的科学家都曾被考倒的经典难题

PARADOX 珍藏版

悖论

[英] 吉姆·艾尔—哈利利 Jim Al-Khalili

破解科学史上最复杂的

9大谜团

The Nine Greatest Enigmas in Science

中国青年出版社
CHINA YOUTH PRESS

图书在版编目（CIP）数据

悖论：破解科学史上最复杂的9大谜团 /（英）艾尔哈利利著；戴凡惟译
—北京：中国青年出版社，2014.9
书名原文：Paradox: the nine greatest enigmas in science
ISBN 978-7-5153-2545-3
Ⅰ.①悖… Ⅱ.①艾… ②戴… Ⅲ.①科学知识－普及读物 Ⅳ.①Z228
中国版本图书馆CIP数据核字（2014）第151223号

悖论：破解科学史上最复杂的 9 大谜团

作　　者：〔英〕吉姆·艾尔－哈利利
译　　者：戴凡惟
责任编辑：肖　佳　庞冰心
美术编辑：李　甦
出　　版：中国青年出版社
发　　行：北京中青文文化传媒有限公司
电　　话：010-65511272 / 65516873
公司网址：www.cyb.com.cn
购书网址：zqwts.tmall.com
印　　刷：大厂回族自治县益利印刷有限公司
版　　次：2014 年 10 月第 1 版
印　　次：2022 年 7 月第 9 次印刷
开　　本：880 × 1230　　1/32
字　　数：163 千字
印　　张：8
京权图字：01-2013-7865
书　　号：978-7-5153-2545-3
定　　价：49.90 元

PARADOX

The Nine Greatest Enigmas in Science

目录 | contents

反其道而行的科普奇书

叶李华

科幻与通俗科学教授、物理学博士，畅销书《果壳中的宇宙》译者

所谓的科普书或通俗科学读物，顾名思义都是以尽量通俗易懂的方式来推广科学知识。至于如何做到通俗易懂，不同的作者自有不同的法门，例如文笔生动、深入浅出、风趣幽默；例如多举例子、多讲故事而少谈学理；又例如尽可能图文并茂，甚至干脆以漫画形式呈现。可是从另一个角度来看，这些法门万变不离其宗，都是把科学知识软化之后，用直接的方式灌输给读者。只要用心阅读，你便能学到其中的知识，这就是标准的“学而知之”。

然而，本书却大胆地反其道而行，先利用一个个费解的悖论，令读者陷入五里雾中，然后再以充满趣味的方式，锲而不舍地追根究柢。等到真相大白之际，读者除了茅塞顿开，还能充分享受到解

谜的乐趣。因此阅读本书时，你并非直接增长见识，而是经历了一番境界更高的学习过程，所谓的“困而知之”是也。

本书最引人入胜之处，正是作者艺高人胆大，敢于挑战“悖论”这个高难度的主题。为了提纲挈领，底下先试着将书中提到的各种悖论用最通俗的语言整理一遍，括号中则是内文所采用的正式译名。

一、无解的悖论（真悖论）。

二、有解的悖论（认知悖论）：又可细分为“恶性的”（似是而非的悖论）以及“良性的”（似非而是的悖论）。

根据这个简单的分类，我们便能轻轻松松地认识本书的结构。

比方说，第一章是利用几个数学问题，来介绍“有解的悖论”如何区分为恶性和良性两种。前者包括“消失的一块钱之谜”、“贝特朗箱子悖论”，后者则有“生日悖论”和“蒙提霍尔悖论”。

值得一提的是，本书虽以物理学为主轴，却刻意用数学（主要是概率论）来开场，可谓用心良苦。正如作者所说，这几个数学悖论本身都很单纯，不必任何预备知识便能消化吸收，因此很适合当成暖身操。就这点而言，本章或许更适合称为“第零章”。

从第二章到第十章则是本书的主要内容，亦即物理学中的9个著名悖论。这些悖论几乎都是“良性的有解悖论”，只有第七章是唯一的例外，因为“外祖父悖论”抵触了逻辑，是个标准的无解悖论。然而山不转路转，物理学家居然想到用“平行宇宙”这个巧门来另辟蹊径，看到这里，想必大家都会忍不住拍案叫绝。

事实上，在阅读这九章的过程中，类似的经验会一而再、再而三地出现。一开始的时候，每个悖论都会令人感到山穷水尽疑无路，但随着作者仔细抽丝剥茧，我们便能逐渐了解科学家如何利用种种巧思，开创出柳暗花明的新境界。

本书作者是我十分喜爱的科普节目主持人，在此之前，我早已看过他担纲的许多科普影集，每每受益良多。读完本书后，我才惊觉他的科普写作也是一绝，称之为科普全才绝不为过。

最后我想大声说一句：Nice job, Jim!

享受阅读与思考的愉快

简丽贤（北一女中物理教师）

有一年，我们的大学入学考试语文作文题目是“人间愉快”。新闻记者访谈时，有考生表示行善是人间愉快的事；有人书写凡事转念，往正向积极面思考就能愉快；有人认为徜徉在大自然中是愉快的事；也有人认为沉浸在有趣的书海中是人间一大乐事。

何为“人间愉快”，如何实现？我觉得能与书为友，与作者译者为友，享受阅读与思考的乐趣，就是人间愉快的事。

子曰：“学而不思则罔，思而不学则殆。”阅读一本书，不能只是读，还要能思考，读与思并行，才能沉浸在阅读的乐趣中，创造源源不绝的顿悟，体现朱熹《观书有感》“问渠哪得清如许？为有源头活水来”。

阅读《悖论：破解科学史上最复杂的9大谜团》，我完全沉浸在文字与思考中，这是一本不宜快读浏览的书，而是适合慢慢咀嚼玩味的科普书，每一篇章都令我忍不住要思考作者传达的意涵，所说的这段话或所举的例子是否言之有理，符合物理概念吗？是否掉入语言表述的陷阱中？其实，译者在翻译文章时，也是在思考，思考作者的某一段话是否“口误”？是否“用词不够精准”？是否会让读者误会作者传达的意思？这是读者阅读时的乐趣，也是读者与作者交流的时候。

阅读，不是单方面的事，而是读者与作者、译者的“共读”。

这本书的内容，包含数学概率与物理的思维，例如《综艺秀里的悖论》含括语言与数字的思考，“消失的一块钱之谜”、“贝特朗箱子”等悖论，读者阅读时要冷静清晰思考，读后思考，饶富趣味。第二章《阿基里斯追龟》，谈及“运动场悖论”及“芝诺悖论与量子力学”，阅读时除了牛顿和爱因斯坦来陪伴外，读者也要亲近海森堡、薛定谔及泡利等知名物理学家。第三章《奥伯斯佯谬》内容引人入胜，读者可要边读边思考，步调缓一缓，偶而掩卷沉思，也可以仰天长啸，阅读这儿，已进入浩瀚的宇宙，凝望夜空，哥白尼、开普勒等科学家将与你交会。太阳系的行星系统及宇宙起源，是读者要思考的话题，不断扩张的宇宙和大爆炸理论是一段只能沉静阅读而不宜匆匆掠过的篇幅，因为多普勒效应和哈勃定律将在你的脑海中浮现，爱因斯坦的相对论和宇宙微波背景辐射，成为你一探究竟的依据。

苏东坡在《赤壁赋》中说：“逝者如斯，而未尝往也；盈虚者如彼，而卒莫消长也。盖将自其变者而观之，则天地曾不能以一瞬；自其不变者而观之，则物与我皆无尽也。”阅读此书，若能像苏东坡一样放开心眼，放慢脚步，阅读又沉思，这本书将使你“人间愉快”。

译者序

关于科学悖论的二三事：为什么我们要探讨科学悖论

戴凡惟

西方哲学史上第一位哲学家一般公认是古希腊的泰勒斯（Thales of Miletus，公元前624—546年）。他提出的哲学论点非常简单："万物本源为水"。泰勒斯所持的理由是，万物皆由水而生，复归于水，因此水是万物的本源。尽管他的论点在今日看来十分天真而粗糙，但却是西方历史上人类首度试图探究世界的本质，并提出以逻辑论证为基础的解答。这表示人类的智识不再局限于眼见的表象，而是更进一步探索物质世界背后的本质，这是人类思想史上的里程碑。泰勒斯因此被尊为西方哲学之父。

物理学的动机也是如此——试图在各种自然现象中找出自然界根本的规律性。与哲学不同之处在于，除了逻辑的规范之外，物理学还受惠于数学的发展。各种物理定律不但以数学语言的形式来表达，数学也为物理学提供了量化预测的能力。广为大众接受的物理理论（经典理论）不但能够解释已知的现象，它所提出的预测也必需与日后的观测相符。然而，偶尔也会发生经典理论（例如量子论）演绎出看似荒谬的结果（例如薛定谔的猫），这时候物理悖论就诞生了。

作者将悖论区分为两类，一类导致循环论证或产生自相矛盾，例如究竟先有鸡或先有蛋、以及“这句话是假的”陈述等等，称之为“真悖论”；这种悖论是无法解决的。另一类则是“认知悖论”，也就是论证的结果看起来荒谬或者与直觉相悖，但却是可以解决的，也就是它其实并非真的是个悖论。本书所讨论的乃是后者。

本书探讨横跨古今两千多年，科学史上最重要的9个悖论，涵盖了运动学、宇宙论、统计物理、相对论、以及量子物理等范畴。

这些悖论之所以重要，有些是因为它们挑战经典理论，并且在相当的时间之内立于不败之地（例如奥伯斯佯谬）；有些则凸显出经典理论违背直觉的特性（例如孪生子悖论）。然而不论如何，这些悖论的解决都为我们带来对于物理世界深刻而重要的理解，因此值得深入探讨。

前言 | Introduction

悖论（paradox，亦可译为诡论、谬论、诡局、佯谬、吊诡或矛盾）以各种不同的形式和难度出现。有些只是简单的逻辑矛盾，没有深入探讨的价值；有些则像是冰山的尖顶，底下是整座冰山的科学知识。许多悖论可以透过谨慎思考，找出基本假设当中一个或多个漏洞来攻破，这种严格来说算不上是悖论，因为症结点一旦突破，它就不再是悖论了。

“真悖论”指的是自相矛盾或循环论证的陈述，或者某种逻辑上不可能发生的情况。然而“悖论”一词的运用范围比字面的意义来得广，还包括被我称为“认知悖论”的范畴。这类难题一定找得到破解方法。这种悖论有可能包装在蓄意误导听者或读者的花招或障眼法之中。一旦花招被揭穿，逻辑上的矛盾或荒谬性就消失了。

另一类认知悖论则是，其叙述或结论乍听之下十分离谱或违背直觉，仔细思考后却发现其实不然，即便结果多少仍令人惊讶。所有这类悖论只要稍加运用一点基本的科学知识便可解决，而这些都将是本书关注的重点。

让我们先简单介绍一则真正的逻辑悖论，虽然清晰明了，但其陈述方式确实会让你跳不出逻辑循环。

这一则论述如下："这句话是假的。"乍看之下每个字似乎都非常直截了当。但是，想一下这一句话，当你仔细推敲其所陈述的含意时，逻辑上的矛盾将逐渐浮现。六个简单的字就让你头痛吗？果真如此的话，我认为这种头痛也是好玩的——这句话或许本身也是悖论，而且无疑地你会出于虐待般的快感，向家人或朋友转述。

你瞧，"这句话是假的"是想告诉你，在宣称这句话是假的同时，它本身必然也是假的，所以它就不是假的——也就是它是真的，所以这句话真的是假的，也就是真的……诸如此类，陷入一个无穷尽的循环。

有很多类似这样的悖论存在，但本书并不打算讨论它们。

本书将探讨我个人最钟爱且著名的科学难题和谜题，所谓的悖论经由正确的角度仔细思索，就能揭穿它们不是悖论。尽管乍听之下极度违反直觉，事实上却是因为漏掉一些微妙的因素；一旦将这些因素考虑进来，就会破坏建构整个悖论的其中一根梁柱，整个构筑起来的论点便会倾倒。矛盾虽然已经解决，它们之中有许多却仍然被称为悖论，部分是因为它们在问世之初显得如此棘手（在我们终于发现自己错在哪里之前），部分则是因为称之为悖论有助于科学家们厘清一些相当复杂的概念。

我们将要探讨的许多谜团，乍看之下似乎是货真价实的真悖论，不仅仅是认知悖论而已。这就是有趣的地方。以著名的“时光旅行悖论”简化版为例：如果你搭乘一部时光机回到过去，杀掉幼年的自己，你这位杀手会发生什么事？你会因为阻止自己成长，倏然之间不再存在吗？如果是这样的话，你从未长大成为一名时光旅行杀手，那是谁杀死了幼年的你？年长的你拥有完美的不在场证明——你甚至不曾存在过！假如你并未存在、无法回到过去杀死年幼的自己，年幼的自己就未被杀害，所以可以长大成人，接着回到过去并杀死年幼的自己，于是你又消失了，依此类推。这似乎是个完美的逻辑悖论，而且物理学家也尚未在理论上排除时光旅行的可能性。那么，我们如何才能摆脱这种矛盾的循环呢？我将在第七章探讨这个问题。

并非所有的认知悖论都需要运用科学知识才能解决。为了证明这一点，第一章要来探讨几个这类的认知悖论，它们只要用常识逻辑就能解决。不明白我的意思？下面这个简单的统计悖论，如果从某个基本的关联性来思考就可能得出错误的结论：我们都知道，有较多教堂的城镇普遍犯罪率较高。这似乎说不太通，除非你相信教堂是孕育不法犯罪的温床。无论你的宗教和道德观为何，这都是不可能的。解答非常直截了当：为数较多的教堂和较高的犯罪率，都是较多人口自然产生的结果。A导致B与A导致C，并不意味着B导致C，反之亦然。

接下来还有另一个简单的动脑谜题，乍听自相矛盾，一旦妥善解释，它的矛盾特性就消失无踪。它是由我的同事兼挚友，一位苏格兰裔的物理学教授，在多年前向我讲述的。他声称“每一位南下到英格兰的苏格兰人，都提高了两个国家的平均智商”。关键在于：由于所有苏格兰人都声称自己比任何英格兰人更聪明，只要他们其中任何一位住到英格兰去，都会提高英格兰的平均智商；然而离开苏格兰是愚蠢的行为，只有那些不怎么聪明的人才会这么做，所以他们离开后，剩余苏格兰人的平均智商就提高了些。你瞧，乍看之下它像是矛盾的叙述，但只消运用简单的逻辑推理就能轻松解决——当然，这对英格兰人而言完全不具说服力。

在第一章中，我们将享受破解一些著名悖论的乐趣，无需用到任何科学。随后我们将继续探讨我所挑选的九则悖论。每叙述一则，我将抽丝剥茧揭开其奥秘，并说明如何破解它，解释其基本逻辑，显示其谬误以及它何以不再是真正的问题。这些悖论都很有趣，不但有知识的精华在其中，也有解决之道等着我们发掘。你只需要知道哪些地方值得关注，哪里可以找到致命的弱点，并透过谨慎推敲以及对科学更深入的了解来破解这些弱点，直到悖论不再是悖论为止。

其中有一些是耳熟能详的悖论。以“薛定谔的猫”为例，它描述一只不幸的猫被锁进一个密闭的箱子里，在我们打开箱子前一直同时处于死亡和活着的状态。另外一则或许读者没那么熟悉、但有些人仍然听过的悖论，则是“麦克斯韦妖”，这个神秘的存在管辖另一个密闭的箱子，而且貌似能够违反最神圣的科学定律（也就是热力学第二定律），迫使箱子中的混合物分离并呈现秩序。为了理解这类悖论及其解答，读者必须掌握一些基础科学知识，所以我给自己设下的挑战是，在带来最低困扰的限度下，帮助读者理解这些科学概念。即使你不具专业知识，依然能欣赏这些悖论并享受其意涵。

这本书中，还有好几则悖论是我从过去14年来在大学部所教授的相对论课程中撷取而来。爱因斯坦对于空间和时间的观点，为逻辑难题提供了丰富的素材，例子包括竿与谷仓悖论、孪生子悖论和外祖父悖论。至于其他悖论，例如牵涉到猫与精灵的那些，在某些人的眼里还没有得到令人满意的答案。

在挑选最重要的科学之谜时，我并没有驻足在尚未解决的最大问题，例如暗物质与暗能量（它们占了我们宇宙95％的组成成分）是由什么组成，或者宇宙在大爆炸之前有什么。这些是极困难而深刻的问题，科学迄今尚未找到答案。诸如“构成星系大部分质量的神秘暗物质本质是什么”的问题，或许在不久的将来可望获得解答——假如日内瓦的大型强子对撞机能持续获得令人振奋的新发现。

至于像是“对于宇宙大爆炸前某一时刻的精确描述”这类问题，可能永远都没有答案。

在接下来的章节中探讨的所有悖论，处理的都是攸关时间与空间本质的深刻问题，以及宇宙在最大和最小尺度上的特性。有些是理论预测的结果，乍看之下非常诡异，但一旦仔细探究理论背后的构想，就不那么难理解了。亲爱的读者，让我们一起来看看能不能搞定它们，以及在过程中会带给你什么样的神奇乐趣。

第一章

综艺秀里的悖论

THE GAME SHOW PARADOX

简单的概率，颠覆你的思考逻辑

在深入物理世界之前，我想先用几个简单有趣却又令人受挫的脑力激荡暖个身，慢慢带领读者入门。以下的例子与本书其余章节的共同之处在于，它们都不是真正的悖论，只要细心思考即可破解。不同于往后各章的悖论需要相关的物理基本知识，本章所探讨的只是一些逻辑方面的益智游戏而已，不需任何科学背景即可解答。其中最后一个也是最有趣的一个，称为蒙提霍尔悖论（Monty Hall Paradox），由于它特别令人困惑，我将使用较多的篇幅以数种不同方法来分析这个问题，让读者自行选择最容易接受的答案。

本章所有悖论都属于听起来有点拗口的“似非而是的悖论”与“似是而非的悖论”其中一种。

“似非而是的悖论”所带来的结论因为有违常理而与直觉相抵触，然而透过看似简单（其实却不然）的仔细逻辑推理，就能证明其结论为真。事实上，整个过程的乐趣就在于，试图找出最令人信服的证明方法——尽管感觉其中有诈的不自在感一直挥之不去。稍后将讨论到的生日悖论（Birthday Paradox）以及蒙提霍尔悖论都属于此类。

“似是而非的悖论”则是从完全合理的陈述出发，却峰回路转得出离谱的结论。与“似非而是的悖论”不同之处在于，推理过程中某些步骤无形中产生误导或谬误，所以这些荒谬的结论为伪。

透过几个演算步骤而得证，诸如“2=1”这类的数学把戏，正是“似是而非的悖论”的范例——没有任何逻辑推理或哲学辩证能够令人相信这个结论为真。有鉴于各位读者不见得像我这么热爱数学，我也不愿意用数学计算来打击大家，因此本书将不会深入这些细节。一言以蔽之，这些运算过程通常牵涉将某个数字零除的步骤，而这正是任何自重的数学家都知道要不计代价去避免的。相反地，我将专注于几个只需基本数学能力就能鉴赏玩味的问题。首先登场的是两个著名的“似是而非的悖论”：“消失的一块钱之谜”（The Riddle of the Missing Dollar）与“贝特朗箱子悖论”（Bertrand's Box Paradox）。

消失的一块钱之谜

这是我几年前在名为《心灵游戏》的电视猜谜节目中担任来宾时，用过的一个精采难题——当然，我并不是第一个想出这个问题的人。这个节目的内容是，每周来宾们彼此竞赛解答数学家主持人马可斯·杜·索托伊教授提出的问题。除此之外，来宾也会各自带来最喜欢的难题来挑战对手。

问题如下：

三位旅客到某家旅馆投宿。年轻的柜台接待员给他们一间有三张床的房间，收费30元。他们协议平分住宿费用，每人支付10元之后，便拿了钥匙进房间安置行李。几分钟之后，柜台接待员发现自己弄错了，旅馆这一个礼拜正好有特价促销活动，他应该只收他们25元。为了避免被旅馆经理找麻烦，他立刻从收款机中取出5块钱，并且赶紧上楼去弥补他所犯的过错。在前往旅客房间的路上，他想到5元无法由三个人平分，于是决定退给每位旅客一元，自己留下两块钱。他自认为这是个让每个人都满意的好办法。以下是我们要解决的问题：每位旅客为他们的住宿各付出9元，总计占了原本旅馆收费30元当中的27元，另外两元被接待员拿走，那么30元里的最后一元哪里去了呢?

也许聪明的读者一眼就看出这个问题的解答。不过当我第一次碰到这个问题时，当然没这么厉害啰！在继续读下去之前，我愿意让你花点时间想想看。

想出来了没？你瞧，是因为叙述上的误导才使得这个问题听起来自相矛盾。推理过程出错之处在于：将客人付的27元与接待员拿走的两元加总在一起——这样算根本毫无道理，因为总金额已经不再是30元。接待员拿走的两元要从旅客支付的27元当中扣掉，所以收款机里的总金额应该是25元才对。

贝特朗箱子悖论

“似是而非的悖论”的第二个例子由19世纪法国数学家约瑟夫·贝特朗提出。（他最著名的悖论并不是这个，而且比这个更需要数学专业。）

有三个箱子，每个箱子里各有两枚硬币，放置方式如下：每个箱子都隔成两半；每一半各放一枚硬币，而且盖子可以单独打开来查看里头的硬币种类（但不允许查看另一枚）。第一个箱子里放了两枚金币（代号GG），第二个箱子里放了两枚银币（代号SS），第三个箱子则有金币和银币各一枚（代号GS）。请问你选到内有金币跟银币的箱子概率有多少？答案的确很简单：三分之一。这一点都不难。接着，随机挑选一个箱子。如果打开半边的盖子发现里面是金币，这个箱子是GS箱的概率有多少？在发现一枚金币的当下，你已经知道这个箱子不可能是SS箱，排除之后只剩两种可能性：GG箱或GS箱。因此它是GS箱的概率是二分之一，对吧？

假如打开盖子出现的是银币，我们就可以排除GG箱的选项，剩下的只有SS 箱或GS箱两种可能，所以选到GS箱的机会依然是二分之一。

由于打开选定的盖子出现的不是金币就是银币，而且每种硬币各有三枚，若两者出现的概率相同，那么不论出现何种硬币，你都有一半的概率选中GS箱。也就是说，往某个箱子的其中半边瞧了一眼之后，选中GS箱的整体概率竟然从一开始的三分之一变成二分之一。可是，只不过才瞧了某个硬币一眼，怎么会使概率产生这么大的变化？如果随机选出一个箱子，打开其中一个盖子之前，你知道选出的箱子有三分之一概率是GS箱；仅仅凭着看到其中一枚硬币，究竟是怎么使得概率从三分之一突然变成二分之一的？毕竟这个动作并不会带来新的信息，**你心里明白，出现的不是金币就是银币。**究竟哪里出问题了呢？

图1.1　贝特朗的箱子

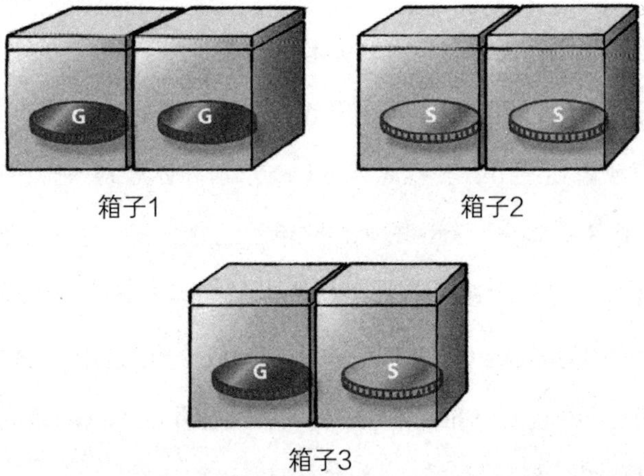

正确答案是，不论是否查看其中一枚硬币，选到GS箱的概率一直都是三分之一，而非二分之一。首先考虑从箱子里找到一枚金币的情况：金币共三枚，姑且称他们为G1，G2和G3。假设GG箱里放的是G1和G2，G3在GS箱里。如果你打开其中一个箱盖并且发现一枚金币，那么你有三分之二的概率打开的是GG箱，因为看到的金币可能是G1或G2。这枚金币是G3的概率只有三分之一，与你选中GS箱的概率一样。

生日悖论

这是最著名的“似非而是的悖论”之一。不同于前两个例子，这种悖论不耍花招，没有逻辑推理上的谬误，也不使用叙述上的障眼法。我必须强调，不论读者是否相信其解答，它在数学与逻辑上都是完全正确的，并且具有一致性。这种面对问题的挫败感在某种程度上提高了破解此悖论的乐趣。

以下是生日悖论的表述：

你认为房间里至少要有多少人，才能让其中任意两人同一天生日的概率超过一半——也就是说，任意两人生日相同的概率比不同来得高？

先让我们运用直观的常识（当然稍后会证明是错的）。一年有365天，可以想象成大讲堂里有365个空座位。100位学生进入讲堂，每个人随机选了一个座位。有些人可能想跟朋友坐在一起；有些人喜欢最后一排的隐蔽性，让他们可以在课堂中打瞌睡不被发现；较多学生则选择离讲台较近的位置。不过他们坐在哪里并不重要，因为超过三分之二的座位仍然空着。当然，没有学生会去坐已经有人的座位，而我们总觉得讲堂里有这么多座位，两位学生抢同一个位置的机会相当微小。

如果将这种常识性的思维方式应用到生日问题上，我们可能会认为，在可选的生日与座位一样多的情况下，这100位学生当中任何人跟别人同一天生日的机会也一样微小。当然，难免有少数一起过生日的死党，但我们觉得发生的可能性比不发生来得低。

如果换成一群为数366人的学生（先不管闰年），很自然地，不须多作解释就很清楚，我们可以确定至少有两个人生日在同一天。当学生人数逐渐减少，情况却开始变得有趣起来。

以下所述也许会让读者感到不可思议——事实上，房间里只需要57个人，就可以让任意两人同一天生日的概率超过99%。也就是说，只要57个人，就几乎能确定其中有两个人同一天生日！这个答案听起真是令人难以置信。若只针对问题来回答，任意两人生日相同的可能性比不同还高（也就是概率超过一半）所需的人数则远低于57。事实上，只要23个人就足够了！

多数人初次听到这个答案莫不大吃一惊，甚至在确认过解答的正确性之后依旧感到浑身不自在，这在直觉上的确太令人难以接受了。我们接着来详细探讨其中的数学，我会尽可能将它说清楚。

我们首先假定一些预设条件，尽量使问题简化：排除闰年、一年中每一天作为生日的概率都相同、房间里没有双胞胎。

许多人所犯的错误在于，他们认为这个问题是两个数字之间做比较：房间里的人数与一年中的天数。由于共有365天可作为这23人的生日，避开彼此生日的机会似乎远比撞在一起来得高。但是这种看待问题的方式却造成误导。试想，为了能让两个人的生日在同一天，我们需要的是成对的人，而非单独的个体；因此应该考虑的是不同配对方式的总数。首先从最简单的状况出发：如果只有三个人，那么总共有三种不同的配对：A—B，A—C，B—C。若是四个人，配对的可能性增加到六种：A—B，A—C，A—D，B—C，B—D，C—D。当总人数达到23人时，我们发现总共有253种不同的配对方式[①]。到这里读者是否发现，相较于原本的答案，要相信这253种双人组合其中一组的生日刚好是365个日期之一，是否变得简单多了呢？

计算这个概率的正确方法是：从一组配对开始，逐渐增加人数，并且观察生日相同的概率如何变化。这个方法的诀窍在于，我们直接计算的并非新加入者与别人一同过生日的概率，而是避开所有其他人生日的概率。如此一来，第二个人避开第一个人生日的概率就是364÷365，因为他可以在一年中头一个人生日以外的任何一天出生。第三人与前两人生日错开的概率是363÷365。然而别忘了前两人仍得避开同一天生日（有364÷365的机会）；在概率论里，如果我们想知道两个独立事件同时发生的概率，就得将第一个事件出现的概率乘上第二个事件的概率。因此，第二人避开第一人生日，以及第三人同时避开前两者生日的概率，就是：(364／365)×(363／365)＝0.9918。最后，如果以上结果是三个人生日完全错开的概率，那么其中任意两人生日相同的概率就是1−0.9918＝0.0082。在只有三个人的情况下，生日出现在同一天的机会非常微小，正如读者所预期。

接着继续进行相同的步骤——逐一增加人数，建立一串连乘的

---

① 有一种叫作二项式系数的数学计算方法，在这个例子中应该是这样计算的：

$$\binom{23}{2}=\frac{23\times 22}{2}=253$$

分数算出所有人错开彼此生日的概率，直到总乘积低于0.5（也就是50%）为止。这时候就会得到任意两人生日相同概率超过50%所需的人数。我们发现，只需要22个分数连乘就可以让总乘积小于0.5，也就是23个人：

$$\frac{364}{365} \times \frac{363}{365} \times \frac{362}{365} \times \frac{361}{365} \times \frac{360}{365} \times \cdots\cdots = 0.4927\cdots$$

←23个分数连续相乘→

于是房间里任意两人生日在同一天的概率便为：

$1-0.4927 = 0.5073 = 50.73\%$

解开这个难题需要一些概率论的知识。相较之下，下一个悖论就某些方面来说较为浅显易懂，而我认为这点更令它显得不可思议。这是我最喜欢的“似非而是的悖论”，因为它的陈述是如此简单，如此容易解释，却又难以透彻理解。

蒙提霍尔悖论

这个难题可追根溯源至贝特朗箱子悖论，它同时也是阐释“条件概率”的典型范例之一。这个悖论的基础是另一个较早期的问题，称为“三个囚犯问题”，由美国数学家马丁·加德纳于1959年在其《科学美国人》杂志的“数学游戏”专栏里提出。而蒙提霍尔悖论是我觉得更好、更清晰易懂的改编版本。这个难题最初是历久不衰的美国电视游戏节目《我们来做个买卖》里的一个游戏脚本，该节目是由超人气、加拿大裔的蒙地·霍尔（Monte Hall）所主持，因此被冠以此名。他在踏入综艺界之后改名叫蒙提（Monty）。

史蒂夫·谢尔文是美国统计学家，担任加州大学伯克利分校教授一职。他同时也是著名的教育家，曾因卓越的教学与对学生的优异指导而获奖。身为一名学者，他的专长是数学在医药方面的应用，特别是生物统计领域。然而他之所以举世闻名却不是归功于重要的学术成就，而是因为所撰写的一篇关于蒙提霍尔悖论的有趣文章。这篇文章发表于学术期刊《美国统计学人》1975年2月号，只有半页篇幅。

谢尔文也许从来没有想过他的短文会带来如此大的回响，毕竟《美国统计学人》是一本专门期刊，主要读者为学术研究与教育人员。事实也是如此——足足过了15年，这个由他提出并加以解决的问题才广为人知。1990年9月，号称发行量高达数千万份的美国周刊《大观杂志》的一位读者，向杂志里的专栏《玛丽莲答客问》提出一个问题。玛丽莲·沃斯·莎凡特负责在这个专栏回答读者提出的各种问题，包括数学益智问题、脑筋急转弯、逻辑机智问答等。莎凡特在1980年代中期因为跻身吉尼斯世界纪录中的智商纪录保持人（测验结果为185）而成名。提问的读者名叫克雷格·F. 惠塔克，他向莎凡特提出的问题基本上是谢尔文“蒙提霍尔悖论”的改编版。接下来的发展则让人始料未及。

这个问题与莎凡特的答复在《大观杂志》刊出之后，引起举国、甚至举世的注意。她的解答彻底违背直觉，却跟谢尔文原本的答案一样，完全正确。不过该杂志随即收到众多恼怒的数学家来函，迫不及待想证明她的错误。以下段落摘录自其中三封信：

身为一位专业的数学家，我对于一般大众缺乏数学技能感到非常忧心。请帮帮忙：承认你的错误，以后更小心一点。

你搞砸了，而且是在全国读者面前！看来你连当中的基本原理都没弄懂……这个国家的数学文盲已经够多了，我们不需要全世界智商最高的人为我们制造出更多。真丢脸！

在你再度回答这类的问题之前，建议你先找一本概率论教科书读一读，好吗？

我非常惊讶，在被三位以上的数学家纠正之后，你竟然还弄不清楚自己错在哪里。

也许女人看待数学的方式跟男人不同吧。

怒气冲天的人还真不少，然而随后的局面却令他们颜面无光。莎凡特在稍后发行的杂志中重新检视这个问题，她坚守立场，并为其解答提出清晰明确的解释与结论——正如读者预期一位智商185的人会做的事。整个故事最终登上《纽约时报》的头版，而争论依旧如火如荼地进行。

也许上述故事让各位读者开始觉得这个悖论甚为困难，只有天才才能破解。其实不然；有许多简单的方法能够加以解释，网络上也充斥各类讨论文章与部落格，甚至还有YouTube影片。

不论如何，暂且让揶揄与讲古在此打住，我们直接进入主题吧。我认为最好的方式乃是引述谢尔文刊登于1975年《美国统计学人》充满趣味的原文：

一个关于概率的问题

以下出自《我们来做个买卖》，由蒙提·霍尔主持的著名电视秀节目。

蒙提·霍尔：这里有三个标记为A、B、C的盒子，其中一个里面有1975年出厂、全新的林肯·大陆汽车的钥匙，另外两个是空的。如果你选中的盒子里有钥匙，就能赢得这部汽车！

参赛者：（倒吸一口气）！

蒙提·霍尔：请挑选一个盒子。

参赛者：我选盒子B。

蒙提·霍尔：现在桌上有盒子A和C，然后这是盒子B（被参赛者紧紧抓住），汽车钥匙有可能就在这个盒子里！我出一百美元换你的盒子。

参赛者：不要，谢谢。

蒙提·霍尔：两百美元如何？

参赛者：不行！

观众：不要！

蒙提·霍尔：别忘了钥匙在你盒子里的概率是三分之一，盒子是空的概率则是三分之二。我出五百美元跟你换。

观众：不要！！

参赛者：不，我想保留这个盒子。

蒙提·霍尔：我来帮你打开桌上其中一个盒子（打开盒子A）。这盒子是空的！（观众鼓掌）。现在，车钥匙不是在盒子C、就是在你手上的盒子B里。既然只剩两个盒子，钥匙在你选的盒子里概率就变成二分之一了。我愿意出一千美元换你的盒子。

慢着！！！

蒙提的说法是正确的吗？参赛者知道桌上的盒子至少有一个是空的，他现在知道是盒子A了。这些信息是否令他选出的盒子里有钥匙的概率从三分之一变成二分之一？桌上的盒子其中一个必定是空的，蒙提是否借着透露哪个盒子是空的，帮了参赛者一把？赢得汽车的概率是二分之一还是三分之一？

参赛者：我想用我的盒子B跟你交换桌上的盒子C。

蒙提·霍尔：这就怪了！！

提示：参赛者知道自己在做什么！

史蒂夫·谢尔文

加州大学公共卫生学院

伯克利，加州 94720

在以上的文章里，谢尔文略过了这个问题的关键（其重要性稍后就会厘清）。他没有明说的是，蒙提·霍尔知道钥匙在哪个盒子里，因此他总是能打开空的盒子。不过平心而论，他确实引述了蒙提所说的："我来帮你打开桌上其中一个盒子。"我把这句话解释成：蒙提·霍尔完全知道他即将打开的盒子是空的。果真如此的话，那么这就是我所熟悉的问题了。稍后我们将会明白，问题的解答系建立在"蒙提·霍尔知道钥匙在哪里"的前提上，虽然这个前提看似无关紧要——毕竟对参赛者来说，这怎么可能会影响猜中的概率呢？

谢尔文不得不在1975年8月号的《美国统计学人》里特别澄清这一点，无法接受其解答的其他数学家不断批评他，正如莎凡特15年后的遭遇。他写道：

我收到许多来函，评论我在《美国统计学人》1975年2月号《致编辑函》里，题为《一个关于概率的问题》的文章。有几位来函者认为我提供了错误的答案。我所提出答案的基本假设，乃是蒙提·霍尔知道钥匙放在哪个盒子里。

厘清这个关键之后，我们就能更仔细地探讨这个问题。接着我们来看刊登于《大观杂志》长度较短也较著名的版本。在这个版本里，三个箱子换成三道门，以下略经修改：

假如你是游戏节目的来宾，主持人提供的选项为A、B、C三道门。其中一道门后面有部汽车，另外两道门后面则是山羊。你挑选其中一道门，假设是A好了。接着，知道门后藏了什么的主持人打开另一道门，比如B，出现一只山羊。他问："你想换成C门吗？"请问改变原本选择的门，是否对你较有利？

当然这个问题的前提是：参赛者喜欢汽车更甚于山羊，不过题目里并没有明说。我们假定参赛者并不是喜欢山羊的脚踏车骑士。

跟几年前谢尔文的答案一样，莎凡特的回答也认为参赛者应该要改变最初的选择，如此一来赢得汽车的机会将从三分之一倍增到三分之二。怎么可能会这样呢？这正是蒙提霍尔悖论的症结点。

当然，多数参赛者在面对这类抉择的时候，多半会怀疑其中是否藏有陷阱。既然大奖在每道门后的机会都相等，那么为什么不相信最初的直觉就好，继续坚持选择A门呢？对参赛者而言，汽车藏在A门或C门后面的概率看来当然是相等的，换或不换所选的门应该没有什么差别。

这一切实在晦涩难解并且令人困惑，可以想见为何连专业数学家都会弄错。以下提供几种解开这个诡局的方法。

检验问题的概率

以下所述的是最严谨、最有系统，也最无懈可击的方法，证明参赛者改变选择的门确实可以使赢得大奖的概率倍增。请记住，你原来选的是A门。蒙提·霍尔知道汽车在哪个门后面，他帮你打开另外两道门的其中一道，结果出现山羊，而且他还提供你换到C门的机会。

首先考虑继续选择A门的情形。

汽车藏在三道门之中任一道门后的概率是相同的：

- 当车子在A门后，B或C任一道门被打开：你赢了。
- 当车子在B门后，C门被打开：你继续选择A门，你输了。
- 当车子在C门后，B门被打开：你继续选择A门，你输了。

因此如果维持最初的选择，你有三分之一的概率赢得大奖。

接着考虑变更选择的情况。

汽车藏在三道门之中任一道门后的概率依旧相同：

- 当车子在A门后，B或C任一道门被打开：你输了。
- 当车子在B门后，C门被打开：由于你从A门换到B门，你赢了。
- 当车子在C门后，B门被打开：由于你从A门换到C门，你赢了。

图1.2　蒙提霍尔悖论：问题

三道门的其中一道里头藏着大奖……

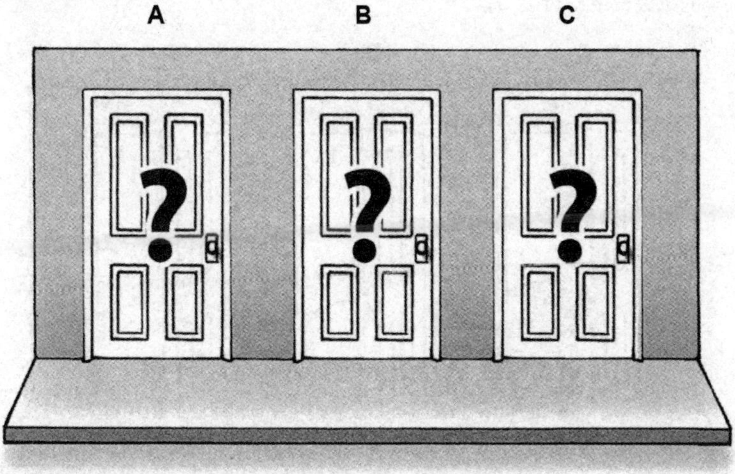

游戏节目主持人打开B门，出现一只山羊。请问你该保留原来的选择，亦即A门，或是改选C门呢？

图1.3　蒙提霍尔悖论：答案

假设知晓汽车下落的主持人打开B门出现的是山羊，如果你继续选择原本的A门，那么你有三分之一的概率赢得汽车。相较之下，改选C门将使你赢得汽车的机会变成三分之二。

如果你保留A门的选择：概率三分之一

如果你决定从A门换成C门：概率三分之二

因此变更选择之后，你有三分之二的概率赢得大奖。

无需数学证明：基本常识法

严格说来，以下非数学的方法并非真正的证明，只是让答案变得较令人能够接受。

假设现在不只有三道门，而是有1000扇门：其中一扇门后有一部汽车，其余999道门后面都是山羊。你随机从中选择一道门，比如第777号门。当然你可以任意选择喜欢的号码，但是不论如何，只要你不具备超能力，选中藏有汽车的门概率就是1‰。

接下来，知道汽车下落的蒙提·霍尔打开除了第238号门之外的其余998道门，里面全部都是山羊。现在，你面前有998只山羊以及两扇关着的门：你选的777号门，与尚未被打开的238号门。请问你要换，还是不换？

难道你不觉得，在那道被主持人保留、尚未开启的门后面，有令人起疑的东西——可能是一开始在随机挑选门时，主持人知道但你却无法获得的信息？别忘了，他掌握车子的下落。他看着你随机挑了一道（极）可能只有山羊的门，接着打开了另外998道藏有山羊的门。难道你不觉得非得换成仅剩的最后这道门不可？当然你会这么觉得，而且你猜得没错：几乎可以确定汽车是藏在蒙提特别保留下来的238号门后面。

改用较为数学的语言来说明：你最初的选择将门归入两个集合；集合一只有你选的门，汽车藏在里面的概率为三分之一（或者在前述较夸张的例子里，概率为1‰）。集合二包含所有其余的门，因此大奖之门落在这个集合里的概率就是三分之二（或者999‰）。集合二其中一道（或者998道）已知藏有山羊（亦即发现汽车的概率为零）的门被打开之后，这个集合里尚未打开的门只剩一道，而这道门里藏有汽车的总体概率仍旧是三分之二（或者999‰），因为它承继了车子落在这个集合里的概率。打开那些毫无价值的山羊之门，并不会改变汽车落在集合二里的概率大小。

先备知识扮演的角色

到这里，相信读者已经被说服了。不过万一你仍有任何挥之不去的疑问，以下提供另一个范例。我认为这个例子足以凸显具备先备知识与否的重大区别。

假设你想购买两只小猫。你打电话到附近的宠物店，老板说有两只同一胎出生的小猫在今天刚送达：一只黑猫，一只花猫。你向老板询问他们的性别，设想两种可能的回答：

（a）他告诉你："我只检查了其中一只，是公的。"如果没有其他信息，两只小猫都是公的概率是多少？

（b）他告诉你："我只检查了花猫，是公的。"这种情况下，两只小猫都是公的概率又是多少？

这两种状况的答案其实是不同的。虽然我们知道两者都至少有一只猫是公的，但只有在第二种情况里，我们才知道公的是哪只，而这正是改变概率大小的额外信息。以下我们来看看这个额外信息如何让概率产生变化。

首先，列出小猫性别的所有可能组合，共计四种：

	黑猫	花猫
1	公	公
2	公	母
3	母	公
4	母	母

接着考虑状况（a）。“至少其中一只是公的。”意味着可能是前三种组合之一：（1）两只都公的；（2）黑猫是公的，花猫是母的；（3）黑猫是母的，花猫是公的。所以两只都是公的概率是三分之一。

然而，在状况（b）里你已经得知花猫是公的，这个额外信息除了排除第四种组合之外，同时也排除第二种组合。可能的组合只剩下两种：两只都是公的；或者花猫是公的，黑猫是母的。这种情况下，两只都是公猫的概率是二分之一。

因此可知，一旦你得知哪只猫是公的，两只都是公猫的概率立刻从三分之一变成二分之一。这跟蒙提霍尔悖论碰到的情形完全如出一辙。

但是且慢，我听到一些顽固的怀疑论者问道：“在小猫的故事里，宠物店老板已经将额外的信息告诉你，好让你算出概率大小。可蒙提·霍尔并没有做出相同的举动。”这个反驳意见带领我们来到整个解说的最后一部分。谢尔文1975年在《美国统计学人》的一文以及莎凡特1990年在《大观杂志》的解答曾经困惑许多读者，如今我们终于要揭晓其中的关键。我们得最后一次回到蒙提霍尔悖论。

假设蒙提·霍尔根本不知道车子藏在哪里。这时如果他打开B门出现山羊，你的确有相同的概率在A门或C门后面找到这部汽车。为什么会这样呢？想象我们重复玩150次这个三道门的游戏。每次游戏开始前，由一位独立裁判在三道门之间随机移动汽车，身为主持人的蒙提·霍尔也不知道车子的位置。如果让你先选一道门，蒙提·霍尔接着随机打开剩下两道门其中的一道，平均而言有三分之一的概率会出现汽车；从统计的角度来看，也就是150次当中有50次会出现汽车。在这50次，游戏当然就此结束；一旦你无法赢得汽车，游戏将不再继续下去。如此一来，蒙提·霍尔打开B门出现山羊，游戏得以继续进行的次数剩下100次。每一次，汽车有二分之一的概率藏在你最初选的门里，因此没有理由改变选择。也就是说，其中的50次你会发现汽车的确出现在你选的门里，另外50次则出现在C门里。再加上车子出现在蒙提打开的门后的50次，三种不同的情况各发生50次，意味着汽车出现在三道门后的可能性是相同的。

不过，如果蒙提知道车子的下落，他绝不会打开藏有汽车的门而浪费掉这50次游戏机会。总而言之，假设你每次都选A门好了，150次当中有50次，汽车会出现在A门里，因此如果不换门的话，你有三分之一的机会赢得大奖。其余的100次当中，有50次汽车藏在C门里，蒙提打开B门；另外50次车子在B门里，他打开C门。在这100次的所有游戏中，蒙提总是打开藏有山羊的门，使得藏在另一个门后的车子不会出现。所以如果每次都改变选择，在这150次当中你将有100次赢得汽车，整体概率正好是三分之二。

一试便知

莎凡特在她最后一次探讨这个悖论的专栏里，公开了1000多所学校对此问题进行实作验证的结果。几乎所有结果都显示，换门才是正确的选择。这种“一试便知”的解答方式，也是我在几年前向朋友解释这个悖论时不得不采用的方法。那时我正为BBC 制作一个电视科教节目，在搭车前往拍摄地点的漫长旅途中，我向摄影师安迪·杰克逊详述这个悖论。我得承认，当时自己还没想出上述的辩证与解释，因此只能拿出一迭色卡来示范。

我挑出三张卡片，一张红色两张黑色，洗牌之后将它们正面朝下，排列在我们之间的汽车座椅上。接着我小心翼翼偷瞄每张卡片的底面，以便确认红色卡片的位置。我请安迪挑选一张他认为是红色的卡片，但不要掀开。我接着掀开其余两张卡片中我确定是黑色的那张，再让安迪决定维持或更换所选的卡片。我们只试了不到20次就向他证明，如果改变选择的卡片，选到红色卡片的概率大约是不改变的两倍。他搞不太懂为何如此，不过至少相信我是对的。

我希望安迪能读到这一章，并且终于明白其中的原因。希望各位读者也是。

闲聊到此为止——还有9个正经的悖论在等着我们呢！

第二章

阿基里斯追龟

ACHILLES AND THE TORTOISE

一切运动皆为假象

我们将探讨的9个悖论当中的第一个，可追溯至2500年前。经历这么长时间的琢磨，相信读者并不会讶异它已被彻底破解。不过对于初次接触的人而言，这个悖论乍听之下还是令他们晕头转向。这个谜题名为“阿基里斯悖论”（the Paradox of Achilles），又称为“阿基里斯追龟的问题”，它其实是希腊哲学家芝诺（Zeno）所提出的一系列问题之一。作为逻辑思考的范例，它其实再简单不过了。但别以为本章仅只于此；我们将深入探讨数个芝诺悖论（Zeno's paradoxes），最后以其中一个悖论的现代版作结；它仅能以量子论来解释。嘿，我从来没有说要轻易放过各位读者。

首先来看芝诺悖论当中最著名的一个：在一场与身手矫健的阿基里斯的赛跑中，乌龟被允许率先出发；当阿基里斯起跑时，乌龟已经抵达路途中的某处（姑且称为A点）。由于阿基里斯跑得比乌龟要快许多，他很快就抵达A点。然而，当他跑抵该处时，乌龟已经移动到更远的地方，我们把它称做B点。当阿基里斯跑抵B点，这时乌龟已经爬到更远的C点；这个过程不断重复。尽管阿基里斯不断追近乌龟，每个阶段两者之间的差距也不断缩小，前者却永远不可能超越后者。这个叙述错在哪里呢？不论是聪明才智、各种逻辑难题的推敲，或者仅是概括性的深刻思考，我们都无法凌驾希腊人。事实上，这些古哲学家们如此犀利，他们的逻辑具有如此深刻的洞察力，令人老是忘记他们是2000多年前的人物。时至今日，当我们想举天才的例子时，除了人气始终居高不下的爱因斯坦之外，也常提及诸如苏格拉底、柏拉图以及亚里士多德等人，作为人类智识卓越典范的代表性人物。

芝诺诞生于古希腊的埃利亚城，该城位于现今意大利西南部。我们除了知道他是埃利亚哲学家巴门尼德斯的学生之外，对其生平与著作所知皆不多。他们与另一位出身该城的哲学家麦里梭共同组成现今所称的埃利亚学派。他们的哲学思想主张，一个人不能仅仅透过感官及感官经验来理解这个世界，最终还必须依赖逻辑与数学。整体而言，这是合理的看法；不过读者将会察觉，这个理念却将芝诺引入歧途。

就我们对芝诺思想仅有的了解，他似乎少有自己原创的建设性观点，而是热衷于推翻他人的论证。尽管如此，活跃于芝诺之后100年的亚里士多德依然将他视为“辩证法”这个论证方式的创始人。辩证法是古希腊人（尤其是柏拉图与亚里士多德等哲学家）擅长的一种开放式讨论，透过逻辑与推理在讨论中解决想法意见上的歧异。

芝诺的原著当中只有一部篇幅甚短的著作流传至今，因此我们所知关于他的一切皆来自于他人的著述，特别是柏拉图与亚里士多德。芝诺于40岁左右旅行至雅典，并在那里遇见年轻的苏格拉底。他晚年活跃于雅典政坛，最终因共谋推翻埃利亚城的统治者而被捕入狱，并且刑求致死。有一则关于他的故事说，他宁愿咬掉自己的舌头吐在逮捕者的脸上，也不愿供出共谋者。但他最著名的，还是透过亚里士多德的巨著《物理学》（*Physics*）流传后世的一系列悖论。一般相信他共提出过约莫40个悖论，但只有少数流传下来。

芝诺的所有悖论都围绕着一个中心思想：一切都是亘古不变的；运动状态只是一种假象，而时间本身并未真正存在。其中最著名的4个悖论分别被亚里士多德命名为：阿基里斯追龟（the Achilles）、二分法（the Dichotomy）、运动场（the Stadium）与飞矢不动（the Arrow）悖论。如果有什么是希腊人擅长的，那当然是哲学思考了。像“一切运动皆为假象”这种恢宏的宣言，正是他们著名的抽象思考得到的结果，充满煽动性。我们可以用现代的科学方法来驳倒这些悖论，不过它们实在有趣极了，值得我们重新探讨。本章将逐一检视这些悖论，并且说明如何运用较为谨慎的科学分析来破解它们。首先从我刚刚描述过的悖论开始吧。

这是我个人最喜欢的芝诺悖论，因为它乍看之下完全合乎逻辑，却以出乎意料的方式挑战逻辑。阿基里斯是希腊神话中最伟大的战士，拥有天生神力、勇气与战斗技巧。半人半神的阿基里斯，其双亲为色萨利国王珀琉斯与海神忒提斯。在荷马描述特洛伊战争的史诗《伊里亚德》(*Illiad*)里，他的角色非常突出。据说当他还是小男孩时，速度已经快到足以捉住鹿，身体强壮得足以杀死狮子。

芝诺在他的悖论中选择这位神话英雄与笨重的乌龟赛跑，显然是两种极端的对比。

此悖论乃是基于更古老的龟兔赛跑寓言，出自于名叫伊索的另一位古希腊人，大约活跃于芝诺之前的100年。在原本的寓言中，乌龟遭到兔子嘲笑，因此向兔子下战帖赛跑，结果乌龟及时抵达终点而获胜。兔子过于自大，以为自己的速度快到可以在中途睡上一觉，结果却太晚醒来而追不上乌龟。

在芝诺的版本里，飞毛腿阿基里斯取代了兔子的角色。与兔子不同的是，他完全专注于比赛，却因为让乌龟率先起跑而种下败因。无论赛跑距离多长，乍看之下乌龟终将赢得比赛，尽管在古希腊人眼里两者抵达终点的顺序也许难分轩轾。根据芝诺的解释，不论这位英雄跑多快，或是乌龟爬多慢，阿基里斯永远无法超越乌龟。这显然与事实不符，究竟怎么回事呢？对于古希腊时期的数学家而言，这是个重大的难题，因为在当时还没有所谓的“无穷级数收敛”(converging infinite series)概念，甚至连“无穷大”的意义都尚不明朗(这些观念稍后会加以解释)。在当时，擅长思考此类问题的亚里士多德已经认为芝诺的想法是一种“谬误”。问题在于亚里士多德及其他古希腊哲学家并无人知晓以下这个基本的物理学公式：速率等于距离除以时间。时至今日，我们对于物理学的了解已经比希腊人深刻许多。

“阿基里斯永远无法超越乌龟”的叙述显然不对。在以上所述的每一阶段里（A点与B点之间，接着是B点与C点之间，依序下去），逐步递减的距离同时意味着逐步递减的时间间隔，因此无穷多个步骤并不等于无限长的时间。事实上，所有步骤加总起来得到的时间是有限的，也就是阿基里斯追上乌龟所耗的时间！这个悖论的矛盾症结在于，多数人无法接受将一串无穷长的数列累加之后，总和却不见得无穷大。有限的时间之内能够完成无穷多个步骤听来也许很怪，然而逻辑却告诉我们，乌龟可以轻易地被追上并超越。这个矛盾的破解有赖于数学家所称的“几何级数”。

考虑以下级数的例子：

1 + 1/2 + 1/4 + 1/8 + 1/16 + 1/32 ……

读者当然可以试着将愈来愈小的分数不断累加上去，使得总和愈来愈接近2。大家可以试试看，在纸上画一条直线，将它等分为两段。接着将右半段再等分为两半，继续下去直到直线小到无法在纸上做记号为止。如果取直线的一半作为一单位长度（单位用公分、英寸、公尺或英里皆可），那么将以上级数中的分数连加之后，总和将收敛于二单位长度。

如果将以上方法应用到本悖论，我们应当考虑每阶段阿基里斯与乌龟之间逐渐递减的距离，而非两者的个别位置。由于他们各自以不同的等速率前进，两者之间的距离也以等速逐渐减少。例如，假若阿基里斯让乌龟领先100公尺起跑，之后以每秒钟10公尺的速率接近乌龟，依照芝诺的讲法结果会如何呢？嗯，5秒后两者之间的距离将会减半，再过两秒半之后再减半，再过一又四分之一秒之后再减半，如此继续下去。如果愿意的话，我们可以将这些逐步递减的时间间隔里逐步递减的跑步距离累加起来，但是并不会改变如下的事实：如果阿基里斯以每秒10公尺的速度赶上乌龟，他会在10秒钟之后超越对手，这正是他将两者之间原本100公尺的距离削减至零所需的时间。而这10秒正是无穷级数的总合：5秒＋2.5秒＋1.25秒＋0.625秒＋……累加起来，直到下一个累加的分数小到让我们愿意停下来为止（此时总和等于9.9999……秒）。10秒钟之后，乌龟理所当然只能看着阿基里斯绝尘而去（除非阿基里斯决定在半路上停下来喝杯啤酒，但这种故事情节对芝诺澄清其论点并无任何帮助）。

图2.1　收敛的无穷级数

无穷多个逐渐递减的长度加总，并不意味着结果为无穷大，因为累加上去的长度逐步变小。

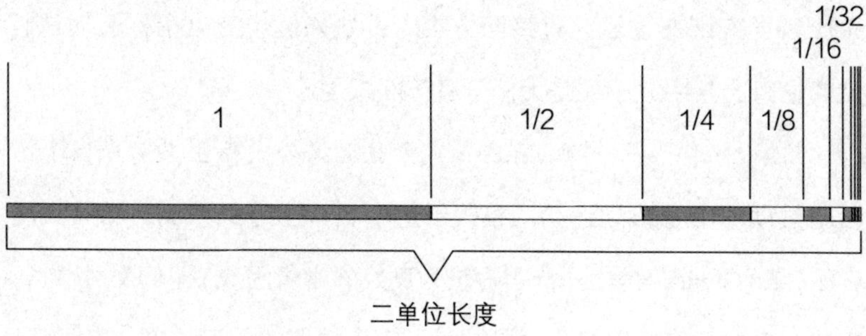

二分法悖论

第二个芝诺悖论否定运动状态本身的真实性，是阿基里斯悖论同一主题的变形。它的叙述很简单：

在到达目的地之前，你必须先走完一半的路程。在走完一半路程之前，你必须先走完四分之一。在走完四分之一路程之前，你必须先走完八分之一路程，以此类推。如果将路程一直减半，你永远抵达不了第一个里程碑，你的旅程永远无法开始。此外，这个不断递减的距离数列是无穷的，要完成整个旅程意味着要完成无限多个步骤，因此你永远无法走完它。如果你无法开始一段旅程，又无论如何无法完成它，那么运动本身即不可能发生。

我们透过亚里士多德得知这个悖论。他知道这是无稽之谈，想找出有效的逻辑论点来给予致命一击，毕竟运动是一种显而易见的状态。芝诺用了一种称为“归谬法”的技巧，将某种想法加以延伸再延伸，直到得出逻辑上的离谱结论。我们要记得，芝诺并不是数学家；他的论点仅透过单纯的逻辑，可这么做往往是不够的。其他希腊哲学家则透过较为直接而务实的方法来反驳芝诺指称运动是假象的论点。其中之一便是犬儒学者第欧根尼。

“愤世嫉俗”一词（cynicism，大写时译为犬儒主义）来自于古希腊时期的唯心哲学运动。相较于这个名词当今的意涵，希腊犬儒学派（the Cynics）是由一群素行较为良好的学者组成：他们反对财富、权势、名声、甚至财产，改以一种远离人性罪恶的简单方式来生活。他们相信人生而平等，而且世界平等地属于每个人。最著名的犬儒学派哲学家也许就是第欧根尼，他活跃于公元前4世纪，约与柏拉图同时期。许多著名的格言出自于他，例如“脸红是美德的颜色”、“狗与哲学家做出最多善行，但却得到最少回报”、“知足者最富有”、“我只知道一件事，就是我一无所知”。

第欧根尼将犬儒主义的教诲发挥到极致。他似乎将贫穷当成一种美德，在雅典市集中的一个木桶里居住多年。他以对世间的一切嗤之以鼻而闻名，尤其对于当时大部分的哲学教条，即便是来自苏格拉底或柏拉图这些鼎鼎大名的哲学家亦然。因此，读者可以想见他对于芝诺悖论的观感。在听到芝诺关于运动是假象的二分法悖论当下，他只是一派轻松地站起来走开，以行动直接证明芝诺论点的荒谬性。

尽管第欧根尼直截了当的作法值得喝采，我们仍需仔细研究一下芝诺的逻辑究竟哪里出了差错。这其实不难，毕竟有2000多年的时间供我们厘清。也许读者觉得光靠常识就足以解开芝诺悖论，但我并不这么认为。我毕生大半岁月身为物理学家，特别是一直以来用物理学家的思维方式思考，对于仅仅依赖常识性、哲学性、或逻辑性的论证来反驳二分法悖论并不满足。我需要的是严谨的物理，这对我来说更具说服力。我们所要做的，就是将芝诺关于距离的论点转换成时间。假设你通过出发点时已经以等速往前移动一段时间。速率的意义乃是某段有限的时间里移动某个距离，这是芝诺所不明白的。在等速的情况下，移动的距离愈短，所需的时间也愈短，然而两者相除的结果必然固定不变，也就是你的速率。出发后，需考虑的行经路程愈来愈短，相对应的时间间隔也愈来愈短。不过不论被分割成多么细小的间隔，时间必然继续前进。将时间（而非空间）

当成一条可以无限分割的静止线段并没有错（而且我们解物理问题时，也经常用这种方式来处理时间），但关键在于，我们对于时间的知觉感受与空间中的静止线段不同。我们无法将自己抽离到时间洪流之外。时间无论如何会继续前进，也因此我们会往前移动。

如果我们不是从移动中的观点来考虑这种情况，而是从静止开始移动的话，只需要运用多一点额外的物理就足够了，也就是以前中学教过的牛顿第二定律。（大多数人肯定很快就忘了。）这个定律指出，为了要让一个物体开始移动，必须在该物体上施力。力使物体产生加速度，使物体从静止进入运动状态。当它进入运动状态之后，就适用相同的论证：也就是说，经过一段时间之后，物体的移动距离乃是根据它的移动速率而定，而这种情况下的速率不一定是固定的。二分法悖论只是一个未能反映真实物理运动现象的不当抽象陈述罢了。

在进入下一个悖论之前，我应该要做最后的批注。爱因斯坦的相对论告诉我们，也许我们不该自信满满地否定二分法悖论。根据爱因斯坦的理论，时间可以当作与空间类似的维度；事实上，他将时间看成“时空”的第四个坐标轴，或第四次元。这暗示着，或许时间的流逝终究只是一种假象——果真如此的话，那么运动也是。我认为，尽管相对论是成功的，以上结论却会让我们离开物理学领域，进入形而上学的浑沌之中，而形而上学讨论的是缺乏经验科学作为后盾的抽象想法。

我的意思不是爱因斯坦的相对论有错；它当然是对的。但只有在物体以极快速度移动，也就是接近光速时，爱因斯坦所发现的效应才会显著。在日常生活的速度下，这种“相对论性”效应足以忽略，我们用日常熟悉的方式来看待时间与空间即可。此外，若将芝诺的论点推展到逻辑思考上的极限，以为时间与空间经过无穷次分割后，仍可继续分割成更小的离散间隔，这种想法并不正确。分割单位小到某种程度之后，量子效应开始出现，时间与空间本身变得“模糊”起来（fuzzy，意味着无法精确测量），无法再继续分割成更小的单位。事实上，在原子与亚原子粒子的世界中，运动的概念的确有点虚幻不实。但这并不是芝诺所要探讨的。

解开芝诺的二分法悖论并不需要用到量子物理与相对论，尽管在这个架构下讨论这些理论相当有趣。如果用以上现代物理的概念试图论证一切运动皆为假象，不但偏离主题，物理学还可能摇身一变成为神秘主义。因此，我们还是不要将问题过度复杂化；相信我，接下来你还有许多机会碰到诸如此类不可思议的物理概念。

运动场悖论

接着我们赶紧进入下一个主题。另一个与速率概念相关的芝诺悖论被称为“移动行伍悖论”（Moving Rows Paradox）。我们透过亚里士多德的著作得知它，他称之为“运动场悖论”，但描述得晦涩不明。我尽可能用简单易懂的方式来介绍这个悖论。

设想三列火车，每列火车有一节火车头与两节车厢。第一列火车停靠在火车站。第二列与第三列火车以相同的速率反向等速过站，但不停靠；B列车从西侧进站，C列车从东侧进站。

在某个瞬间，三列火车的位置如图2.2（a）所示。接着，在一秒之后，它们恰好并列，如图2.2（b）。

图2.2　移动行伍悖论

（a）A列车静止，B列车由左向右前进，C列车以和B列车相等的速率由右向左前进。

（b）一秒钟之后，三列火车并列在一起。

芝诺悖论的问题在于B列车的运动：在这一秒之内，它通过A列车一节车厢的距离，但却通过C列车两节车厢。此悖论指出，在这段时间内，B列车同时前进了一倍与两倍的距离。芝诺似乎察觉它们只是相对距离，因此试图透过时间来阐述此一悖论。将这两段距离除以B列车的速率，我们会得到两段时间间隔，其中一段是另一段的两倍长。矛盾之处在于，这两段似乎都是上图到下图所经历的时间！

这个悖论很容易解决，因为推理过程的错误显而易见。有种叫做相对速率的物理量；B列车相对于逆向驶来的C列车与静止的A列车，速率当然是不同的。至于芝诺是否清楚这一点，以及他是否藉此阐明运动虚幻本质的微妙之处，我们无从得知。小学生也知道，这当中其实毫无矛盾之处。B列车以某个相对速率行经A列车，却以两倍的相对速率行经C列车，因此在通过A列车一节车厢的同一时间内，它会通过C列车的两节车厢。

飞矢不动悖论

这是另一个以“运动皆假象”为立论中心的悖论，与二分法悖论相同。亚里士多德是这么描述它的：“当物体静止时，其所占空间大小保持不变；若其移动时的任一瞬间也总是占据相同大小的空间，则飞矢不动。”

这是啥？请容我用更清晰易懂的方式来叙述。在每个瞬间，飞矢总是占据空间中某个特定位置，正如摄影快照捕捉到的影像。但如果我们只在某个特定的瞬间看到它，将无法分辨它是否为停留在同一位置静止的箭。如何指出一支箭是否正在飞行？再加上，时间是由一连串连续的瞬间所构成，每个瞬间箭都是静止的，因此飞矢不动。

矛盾的是，我们知道当然有运动这种状态，而且飞矢确实在动。那么芝诺的逻辑错误出在哪里呢？我们可以将时间看成由一系列无穷短的“瞬间”所构成，并且将这些“瞬间”想象成不可分割的最小时间单位。身为物理学家，我看得出芝诺的论点问题出在哪里。如果这些不可分割的瞬间其时间长度并非真正为零（亦即不是真正的快照），那么这支箭在每个瞬间的开始与结束时，就会位于略为不同的位置上，它就不能被当成静止。相反地，如果这些瞬间的历时真的为零，那么不论经历多少个连续相邻的瞬间，永远不可能加总出有限的时间间隔——我们可以将任意多个零相加，其总和依然是零。因此，芝诺指出有限时间间隔是由一系列连续相邻的瞬间所构成，此论点其实并不正确。

要让这个悖论完全尘埃落定，有赖于物理学与数学的后续发展。更明确地说，17世纪牛顿及其他数学家所发展出来的微积分，帮助我们理解如何加总微小的变化量来正确描述“变化”的概念，使芝诺天真的想法最终得以厘清。

然而，这个悖论却有个出人意表的结局。1977年，两位德州大学的物理学家发表一篇令人惊讶的研究论文，指出我们对芝诺的飞矢不动悖论或许太早下定论了。

他们分别是贝迪阿那·米斯拉与乔治·苏达桑，论文题为《量子论中的芝诺悖论》（*The Zeno's Paradox in Quantum Theory*），激起全世界物理学家的兴趣。

有些物理学家认为他们的研究很蠢，另一些物理学家则赶紧做实验试图验证他们的构想。在进一步详细解释之前，我想先说明一些关于量子力学诡异又有趣的基本概念，在本书的现阶段先给读者一个交代。

芝诺悖论与量子力学

量子力学是描述微观世界如何运作的理论。此处所指的微观世界并非透过显微镜才看得到的微小世界，而是远小于这个尺度的分子、原子，与构成它们的亚原子粒子（亦即电子、质子与中子）。事实上，量子力学是整个科学领域当中最有力、最重要、也最基础的一套数学构想。其非凡之处出自于两个看似对立的理由（其实这件事本身就几乎是个悖论！）：一方面它是我们理解这个世界如何运作的基础，而且也是过去半个世纪以来推动绝大多数科技发展的核心理论；在另一方面，却没有人真正理解它的意义。

我必须在一开始就特别强调，量子力学的数学理论本身既不诡异也不矛盾。相反地，它严谨美妙并且符合逻辑，是一个能够完美描述自然界物理现象的理论架构。没有它，我们将无法了解现代化学的基本原理，甚至电子学或材料科学；我们将不会发明硅芯片或激光；电视机、计算机、微波炉、CD与DVD播放器、移动电话等也不会出现，更别提许多其他在科技时代的日常生活中，我们习以为常的产品。

量子力学能够精确预测并解释物质各个组成部分的行为，而且准确度极佳。它使我们几乎彻底且精准地理解亚原子世界如何运作，也让我们理解各种不同的粒子如何进行交互作用，构成周遭的世界，而我们也是其中的一部分。毕竟我们是数以兆计原子的组合，这些原子在量子定律的规范下，以极为复杂的方式组织起来。

这些奇怪的数学规则在1920年代被发现，结果显示它们与主宰我们熟悉的日常世界的物理定律大相径庭。在本书末尾关于薛定谔的猫的章节里，我将会探讨其中某些规则有多么古怪。现阶段，我想将焦点放在量子世界一个特别诡异的性质，也就是当一个原子任其自行演变，或不断受到“观测”时，两者所表现出来的行为将会十分不同。所谓“观测”，指的是不断刺探原子的状态，像我们戳打敲击某个未知物品一样。我们至今仍未完全了解量子世界的这个特性，一部分是因为我们近来才逐渐明白如何正确地进行“观测”。这个课题被称为“测量问题”，至今仍然是热门的研究主题。

量子世界受到概率左右，在这个世界里没有任何现象与日常所见吻合。如果将一个放射性原子孤立起来，它将放出一个粒子，但我们却无法预测何时会发生，只能订出一个半衰期，也就是一大群同类的原子其中半数产生放射性衰变所需的时间。原子数目愈多，测得的半衰期就愈精确，但我们永远无法预测样品中下一个衰变的原子是哪个。这很像描述丢掷铜板结果的统计学。我们知道如果反复丢掷同一个硬币，那么其中半数的结果将出现正面，另外半数则出现反面。丢掷愈多次，就愈接近统计所预测的结果。可我们永远无法预测下一次丢掷会出现正面或反面。

量子世界的概率性本质，并非由于量子力学本身只是个不完备或近似的理论，而是因为原子自己也不知道衰变这种随机事件何时会发生。这是“非决定论”（indeterminism，即不可预测性）的一个典型范例。米斯拉与苏达桑发表在《数学物理期刊》的论文描述以下惊人状况：当一个放射性原子持续受到严密的观测时，它将永远不会衰变！这个想法可用一句古谚总结：“盯着水壶水不沸。”据我所知，这句话出自于维多利亚时期作家伊丽莎白·盖斯凯尔1848年的小说《玛丽·巴顿》，不过这类古谚通常能追溯至更久远之前。芝诺的飞矢不动悖论，以及前述瞬间快照无法让我们决定物体是否在动的事实里，都可以找到这句古谚的意涵。

这实际上是怎么发生的，而且为什么会这样？上述盯着水壶的古谚，显然不过是一则关于耐性的格言罢了，告诉我们：盯着水壶并不能使水早点煮沸。然而，米斯拉与苏达桑似乎指出，当对象换成原子时，盯着它们确实会改变其行为表现。更有甚者，这种对物质的干扰是无法避免的——“看”这个动作将会无可避免地改变被观测对象的状态。

这个想法直指量子力学的核心：微观世界被描述成一个模糊而幽幻的存在，当它不受外在干扰时，各种古怪的事情不断频繁地发生（第九章会再度探讨这个概念），我们却完全无法得知这些怪事怎么发生。一个独处时会自发性地放出一颗粒子的原子，受到刺探时却羞于进行相同的动作，故我们永远无法目睹此一过程。原子彷佛被赋予某种意识一样——尽管这想法很疯狂。量子世界就是个疯狂的世界。量子论其中一位创建者是丹麦物理学家尼尔斯·玻尔，他于1920年在哥本哈根创立了一个研究机构，吸引了当时最伟大的几位物理天才前来，包括维尔纳·海森堡、沃尔夫冈·泡利、以及埃尔温·薛定谔等人，这些人试图解开自然界最小的建构单元之谜。玻尔的名言之一说道：“如果你不为量子力学的结果感到震惊，就表示你没弄懂它。”

米斯拉与苏达桑的论文题目《量子论中的芝诺悖论》系源自飞矢不动悖论。平心而论，尽管结论尚有争议，对于多数量子物理学家而言，它已经不再是个悖论。现今的文献多半称它为“量子芝诺效应”，已知的应用范畴也远大于两位学者在论文中所提到的。量子物理学家们将会很乐意向读者解释这个效应出于“其波函数恒定地坍缩在原子初始未衰变的状态”。各位应该猜得到这些人嘴里会吐出这种令人无法理解的火星语吧？！（我也是“这些人”其中之一无误。）我并不打算在此针对这点作进一步的澄清，以免读者真的被弄得晕头转向。

由于量子物理学家努力想了解原子对于周遭环境的反应，近来发现量子芝诺效应其实无所不在。其中一个重大进展来自于科罗拉多州的美国国家标准技术局（世界上最负盛名的实验室之一）。在1990年的著名实验中，他们确认量子芝诺效应的存在。这个实验在恰如其名的“时间与频率部门”进行，该部门因为设下最精确的时间度量标准而闻名于世。他们的科学家最近建造出有史以来最精准的原子钟，准确到每35亿年误差不超过一秒钟，将近地球的年龄！

其中一位建造这个精确到不可思议的时钟的物理学家名叫韦恩·义塔诺。侦测量子芝诺效应的实验正是由他的研究团队负责设计与执行。这个实验将几千个原子捕捉在一个磁场内，然后用经过精密计算的激光冲击，迫使它们“供出”自己的秘密。研究人员发现量子芝诺效应的明确证据：在持续的观测下，这些原子表现出与原本预期完全不同的行为。

故事还有一个最后的转折：近来我们已经找到相反效应的证据，即所谓的“反芝诺效应”，也就是一直盯着水壶可以让它早点煮沸的量子版本。虽然当中有很多想法还停留在猜想阶段，不过这类研究将会是21世纪科学领域里影响最深远、可能也最重要的核心基础，例如建造量子计算机。量子计算机运用某些量子世界的古怪行为，以便更有效率地进行运算。

我不确定埃利亚的芝诺对于他的悖论再度复活会做出什么样的评论，或是如何看待他的名字在2500年后被用于一个令人啧啧称奇的物理现象上。在这种情况下，此一悖论无关乎逻辑，却与大自然在微观原子尺度下更神奇的力量息息相关，而我们正要开始了解这些特性。

芝诺悖论引领我们从物理学初生之时进入21世纪最尖端的物理观念。本书中的其他悖论都是在这两个时间点之间诞生的。为了要解开它们，我们必须要前往宇宙所及最遥远之处，并探索空间与时间的本质。敬请拭目以待。

第三章

奥伯斯佯谬

OLBERS' PARADOX

为什么入夜之后天色会变暗

多年以前，我偕同家人以及一群朋友前往法国度假。我们住在中央高原利木赞地区一间清幽的乡间小屋里，该地区是法国人烟最稀少的区域之一。有一天夜里，在小孩都上床之后，我们几个大人坐在户外，一边啜饮当天最后几杯的当地葡萄酒，一边抬头欣赏闪烁无垠的夜空，谈论着法国的领土是多么广大，居然还找得到像这样杳无人迹且光害稀少的乡下地方，而我们这几个住在人口稠密东南英格兰的城市俗人，在有幸见到满天星斗时又多么不习惯。令人印象最深刻的，是一条横过天空微微发亮的稀薄带状物，有如一抹浅浅的云。

云会挡住背后的星光，然而在浅浅的亮带中闪烁的众多星星却清晰可见，数量约与夜空的其他区域相当。看来亮带位于遥远的星星之后。身为团体中唯一的专业科学家，我热切地向大家指出，我们所见的亮带其实是银河系中央圆盘的侧面，而这条亮带比所有肉眼可见、一颗一颗的星星都要远得多。令我惊讶的是，有几位朋友承认他们从来没见过银河，但对于我的解说极感兴趣：这条亮带包含了构成银河系本体数以亿计的恒星，由于这些恒星过于遥远，我们无法辨别出它们各自的星芒，只看得到一片弥漫的稀薄亮光。

当然，并非我们在夜空中所见的所有星芒都来自于恒星。最明亮的天体（月亮除外）是我们的行星邻居：金星、木星与火星。他们之所以发光，是因为反射来自太阳的光线，而太阳因为夜间在地球的另一侧，所以我们看不到。太阳系以外离我们最近的星星有数光年之遥。请注意，光年是距离单位而不是时间单位，别搞混了。它是光在一年之内所走的距离，将近10兆公里。用比较容易理解的方式来说就是：地球与太阳相距1.5亿公里，相当于0.000016光年。事实上，较为合理的讲法是地球与太阳之间的距离为8.3光分，这是光走完这段距离所需的时间（八分钟多一点）。

在太阳之外，离我们次近的恒星是半人马座的比邻星，距离稍远于4光年。然而它并不是天空中最亮的恒星，最亮的头衔归天狼星所有，距离我们大约是比邻星的两倍远。只有月亮、木星与金星一年四季的亮度都超过天狼星。除了在北极圈北方数百英里以北之外，地球上几乎任何位置都看得见天狼星。它与参宿四和南河三共同形成北半球可见的“冬季大三角”。找天狼星可以先从猎户座腰带的三颗星下手，向下延伸就能找到，很难错过。

其他的亮星包括距离甚远但巨大的参宿七，它是一颗蓝超巨星，大小是太阳的78倍，亮度为太阳的85000倍，使它成为我们银河系周遭最明亮的星体。它在夜空中却不像其他星星（例如天狼星）这么亮，因为它距离地球远得多（约700到900光年之间）。此外还有跟参宿七差不多远，体积比它还大但稍暗的红超巨星参宿四，这颗巨大的星体亮度约为太阳的13000倍，体积是太阳的1000倍。它大到如果放在太阳系中心取代太阳的话，将会吞噬掉水星、金星、地球、火星与木星的轨道！

当人类开始使用望远镜，探索比肉眼可见更遥远的太空时，我们才明白原来星星在宇宙里并不是均匀分布；相反地，它们集结成群，形成星系，犹如巨大的星星之城，星系之间则隔着大到不可思议的虚无空间。夜空中肉眼可见的星星（包括天狼星、参宿七与参宿四）都位于我们所在的银河系，而且都只位于我们周遭的局部区域而已。

在完备的条件下（也就是位于地球上刚好的位置与刚好的时间），用肉眼可辨识出数以千计的星星，使用够好的小型天文望远镜则能看到数十万颗。不过这只是银河系2000亿到4000亿颗星星里微不足道的一小部分而已，甚至还不到1%。这个数目相当于当今全世界人口平均每人可分配到50颗星星。

这就是为什么银河系的星系盘看起来像是横过天空无数块淡淡的光晕连结在一起。银河系中心距离地球约25000光年，星系本身的直径大小约为10万光年。这么遥远的距离使星星变得极暗淡，也意味着我们看见的不再是分开而清晰的光点，而是由数十亿颗星星的光芒共同累积形成的一片微光。

恒星在星系内也不是均匀分布。恒星多半两两成对，或者聚集成群，并且相互绕行。有些年轻的恒星会成百地聚集成疏散的星团，而更大群数以千计的恒星则形成球状星团。

我们当然无法分辨其他星系中的个别星体。事实上，如果不用强力望远镜的话，几乎不可能看得到其他星系。即使是离我们最近的仙女座星系以及大小麦哲伦星云，单凭肉眼也很难看见；它们看起来只是一小点极微弱的光晕而已。

仙女座星系比我们的星系稍大，距离我们200万光年。如果将银河系缩小到地球的尺寸，仙女座差不多与月亮一样远。仙女座星系有5亿颗恒星。我仍然记得，第一次在望远镜里见到它昏暗模糊的螺旋状身影时内心的激动。特别令人震撼的，是我所看见的并不是这个星系目前的面貌，而是200万年前的模样。这些远早于人类出现在地球之前就离地球而去的光线，直到现在才进入我的眼帘，完成漫长的旅程。那一刻我觉得不可思议的荣幸，竟能身在此处，透过视网膜接收这些远道而来的光子，诱发神经电讯号传递到脑神经细胞，进而感受我所目睹的一切。

物理学家往往以这种古怪的方式进行思考。

不仅恒星会在星系内部形成星团，星系本身也会集结成星系团。我们的银河系是构成“本星系群”的约莫40个星系之一，其他成员还有大小麦哲伦星云以及仙女座星系。随着更强大的天文望远镜不断被制造出来，我们能够探索太空中更深远之处。现今天文观测技术精确度与复杂度之进步，已经让我们知道甚至连星系团本身都会聚集成超星系团。我们的本星系群其实隶属于本超星系团。我们的宇宙最远到哪里？它是否真的无穷大呢？我们根本不知道答案。这个问题已经困扰天文学家好几个世纪，并且引出我们所要探讨的下一个悖论。

当我们抬头凝望夜空时，可能会提出一个非常深奥的问题：

为什么入夜之后天色会变暗？

读者也许认为这不过是个无聊的问题。毕竟连小孩子都知道，当太阳“落”到地平线以下，夜幕便降临。而且，地球附近的夜空也没有像太阳这么明亮的天体，足以压过月亮的微弱光芒以及来自遥远星体更微弱的光芒。

然而，这个问题远比乍看之下更为深奥。事实上，在天文学家找到答案之前，这个问题困惑他们好几百年。它就是“奥伯斯佯谬”。

问题是这么来的：我们有足够的理由相信，即使宇宙不是无穷大（而且很可能真的不是），它也大到我们无法到达其边界。当我们从每个方向遥望天空，都应该会看到一颗星星，它让白天的天空变得更明亮——它应该一直都很亮，不管日升日落、白日黑夜。

以另外一个例子来说明。请读者想象自己站在一座一望无际的森林里，森林大到往任何方向都延伸到无穷远。接着，水平射出一支箭。在这个理想化的例子里，先假设这支箭会一直水平飞行，射中树干之前不会落地。即使这支箭一开始错过较近的树，它终究必定会命中一棵。因为森林的范围是无穷的，只要飞得够远，一定有一棵树刚好位在箭的飞行路径上。

现在，假设我们的宇宙一直往外延伸，有无限多颗星星均匀分布在其中。这些星星发出的光线正如上例中的箭，但是行进方向相反。不论我们朝天空的哪个方向看去，视线里总会有一颗星星，也就是每个缝隙里都看得到星星，所以整个天空不论在任何时刻都会跟太阳表面一样明亮。

当各位读者头一次面对这个难题时，也许会从此章开头里的说明提出两个疑点。首先，你会问：遥远的星星不是因为太暗，所以我们看不到吗？第二个疑点是：星星并不是均匀分布在宇宙里的，对吧？它们不是聚集成星团，星团再聚集成星系吗？这两个课题都无关紧要。第一个问题的回答是，虽然较远的星体显得比较近的星体暗，不过由于前者距离较远，它们其实在太空中所占的区域较大，也包含了为数较多的星星。本章稍后将提到的简单几何运算结果显示，这两种效应正好互相抵销——以太空中任一小区块而言，其中较近但为数较少的星星所产生的总亮度，将会与较远但为数较多的星星相同。至于第二个疑点，星星在宇宙中的确不是均匀地分布，而是集中在各个星系里，就像秋天的落叶被扫成一堆一堆这样。然而论点并未因此改变，只要将星星换成星系即可：也就是夜空将会跟一般的星系一样亮——尽管不像恒星的表面那么亮，却依旧亮得令人睁不开眼睛。

事实当然不是这样。而且，我们即将明了答案之所以为否，原因来自人类有史以来对于宇宙真相最深刻的发现。为了圆满解决这个悖论，我们得先回顾一下它的发展史。

数不尽的星星

如果读者知道天文学家在多久之前就已经察觉这个悖论的存在，便会明白以下事实多么令人惊讶：直到19世纪50年代，这个悖论才首度由来自德国不来梅的医生兼业余天文学家海因里希·威廉·奥伯斯正式提出，并以他的名字命名。在此之前，对这个问题感兴趣的天文学家可说是少之又少。

1952年，著名的澳洲裔英国宇宙学家赫曼·邦迪出版了一本极具影响力的教科书，书中首度使用“奥伯斯佯谬”一词。不过我们稍后将明白，这本书其实有张冠李戴之嫌。奥伯斯既不是第一个提出此一问题的人，他的解答也不具特别的原创性或启发性。早他一个世纪的埃德蒙多·哈雷已经叙述过，再早一个世纪的约翰尼斯·开普勒也在1610年提过。甚至连开普勒都不是第一个写下这个问题的人。为了了解整件事的始末，我们得回到1576年；哥白尼的巨著《天体运行论》（*De Revolutionibus*）发表数十年后，第一个英语译本在这年终于出现。

任何关于天文史的论述总是从相同的几个关键人物开始。首先登场的是公元2世纪的希腊人托勒密，虽然身为有史以来最重要的科学教科书之一《天文学大成》（*Almagest*）的作者，他却误以为太阳绕地球公转。他发展出以地球为中心的宇宙模型，并且被全世界天文学家奉为圭臬达1000多年之久。接下来是16世纪的波兰天才哥白尼，他推翻托勒密的“地心”学说，并将太阳与地球的位置对换，被尊为现代天文学的鼻祖。我们也不能遗漏伽利略，他是1609年史上第一位将望远镜指向天空的人，并且透过观测证实哥白尼“日心”模型的正确性：地球的确绕着太阳公转，与其他行星一样。

但是哥白尼的模型并不完全正确。他将地球从宇宙中心这个至高无上的位置移开的做法无误，却错在直接用太阳取而代之，并相信太阳系即是整个宇宙。《天体运行论》被认为是引发科学革命的重要著作之一，书中展示了一幅具有指标意义的太阳系示意图。该图正确地将地球置于太阳外围仅次于水星和金星的第三颗行星位置上，而月亮是天空中唯一绕地球公转的天体。往外接着是火星、木星和土星。到此为止都正确（土星以外的行星尚未被发现），可是接下来哥白尼做了一件很有趣的事，他将所有的恒星放在最外围绕太阳公转的同一个固定轨道上，使得太阳成为整个宇宙而非一个行星系统的中心。

我们现在当然知道，太阳并不在这个特殊的位置上。太阳事实上位于宇宙某个不起眼角落里平凡星系中的某个旋臂外侧。过去几个世纪以来，愈来愈详细精确的天文观测数据不但协助我们建立现代宇宙论，也让我们明白宇宙并没有中心，而且很有可能往四面八方一直延伸出去。然而，在望远镜发明之前就已提出日心学说的哥白尼并没有机会得到这些知识。

下一阶段的突破得靠英国的天文学家托马斯·迪格斯，他来自英国牛津附近一个沉闷的市集小镇瓦林福，算不上赫赫有名。他生于1546年，亦即哥白尼逝世后数年。他的父亲伦纳德·迪格斯也是科学家，被推崇为经纬仪的发明人。经纬仪是现今主要由测量师使用的一种仪器，用来精确测量水平与垂直角度。托马斯在1576年出版了由其父所著、广受欢迎的天文年鉴《永恒的预测》（*A Prognostication Everlasting*）的修订版，以附录的形式将新题材加入书中。这本书最重要的贡献在于首度将哥白尼的巨著译成英文。从现在的观点来看，一本内容数据并非来自哥白尼的天文书籍，竟然愿意将这个理论放在附录里，实在相当神奇。虽然托马斯·迪格斯出版了这个当时饱受争议的宇宙模型并加以提倡，但他所做的重要工作不只于此。我认为，他进一步改良这个理论为天文学发展所带来的贡献，与哥白尼不相上下，他却远不如哥白尼有名。

迪格斯修改了哥白尼著名的太阳系示意图，将原图中位于最外层的众多恒星从固定的单一圆形轨道上解放出来，散布到太阳系外广大无垠的太空中。他因此成为史上第一位提出无限大的宇宙包含无穷多星星的天文学家——不过古希腊哲学家德谟克利特曾经暗示过同一概念。

迪格斯的突破并非来自猜想。他受到一起发生于1572年的天文事件启发，产生新的宇宙观。正如当时全世界的其他天文学家一样，对于天空中突然冒出的明亮新星他也目瞪口呆。现今的我们知道这种偶发事件是超新星爆发：当恒星来到生命终点，用尽所有核燃料之后，自身重力使星体急剧坍缩；这个过程引发冲击波并向外传递，导致星体外层物质被猛烈炸向外层空间，同时伴随最后一次极为剧烈的能量释放。事实上，爆发时所释出的能量之高，其亮度甚至会

图3.1 三种宇宙模型

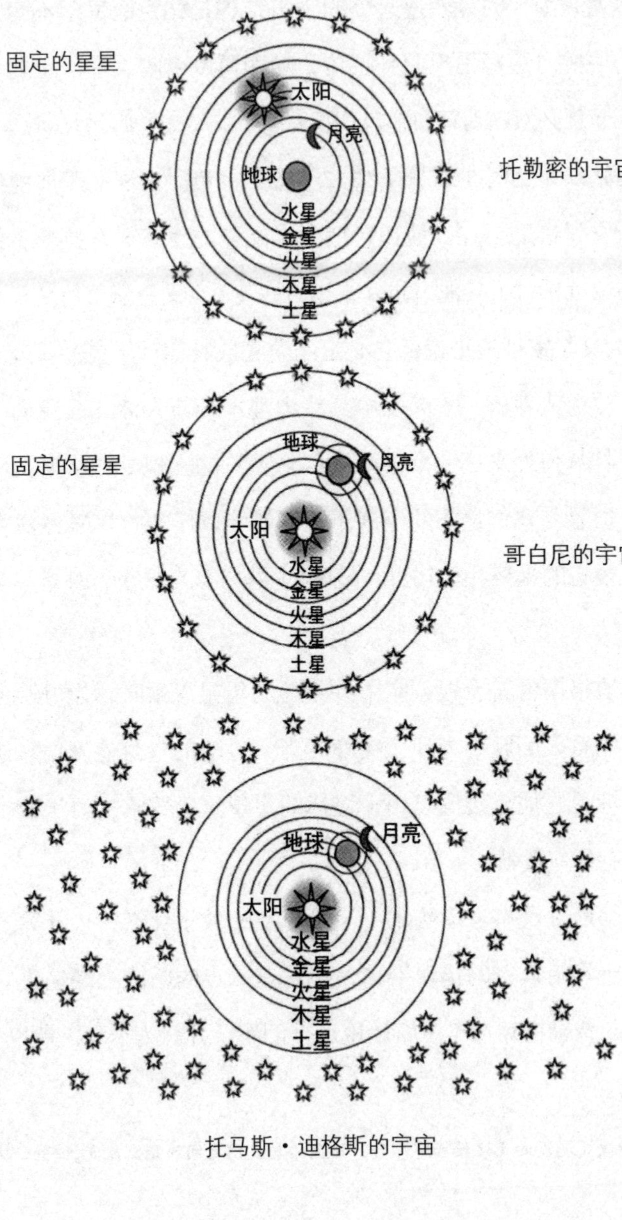
固定的星星
太阳
月亮
地球
水星
金星
火星
木星
土星
托勒密的宇宙
地球
月亮
固定的星星
太阳
哥白尼的宇宙
水星
金星
火星
木星
土星
月亮
地球
太阳
水星
金星
火星
木星
土星
托马斯·迪格斯的宇宙

短暂地超越整个星系。这些天体物理学的概念在16世纪时尚未明朗。当时普遍认为，月亮轨道之外的宇宙结构是稳定而恒常不变的，如果夜空中突然短暂出现明亮星体，随即再度变暗，它一定非常接近地球，而且必然在月球轨道以内。

迪格斯是当时少数算出1572年超新星势必出现在距离地球极远处的天文学家之一，其他还包括大名鼎鼎的第谷·布拉赫。由于超新星的位置相对于其他恒星并未逐日改变（也就是所谓的“视差”现象），天文学家被迫推论，它必定比月亮或其他行星更为遥远。局势变得十分令人费解——天空中突然出现一颗新天体，而我们却搞不清楚它打从何处来。这个被称为“新星”的出现令迪格斯得到一个结论：恒星与我们之间的距离不见得都相同；也许（虽然现今显而易见）较亮的星离我们较近，较暗的星较远。[①] 这在当时是一个革命性的想法。

当迪格斯看着无垠太空中数不尽的星星思索时，无可避免地想到以下的重大问题：为什么夜晚的天空是暗的？对他来说，这算不上什么悖论。他直接假设由于遥远的星星过于昏暗，对于夜空的亮度并没有任何贡献。

迪格斯并没有考虑到某个至关重要的数学计算，该计算足以揭露他对于黑暗夜空的错误推论，不过这一点的厘清已经是更后来的事了。开普勒在1610年重新检视这个问题，并认为夜晚之所以变暗，

① 因此超新星亮度的变化便可解释为，该星体与我们之间的距离改变。——译者注

是因为宇宙的大小有限。星星之间的黑暗区域其实是包围着宇宙的外围幽暗空间。开普勒之后100年，另一位英国天文学家哈雷再度思索这个问题，他得到的结论支持迪格斯的解答：宇宙无穷大，但是遥远的星体太暗，以至于我们看不到。

数年后，一位名为让·菲利普·罗伊·德谢梭的瑞士天文学家指出，迪格斯和哈雷的论点对于解开这个悖论毫无帮助。他透过简洁的几何计算证明：若以地球为中心，将周遭的太空依不同半径向外划分为若干同心球壳，像一层层的洋葱直到无穷远处，并且假设宇宙各处的星星亮度[①]平均而言相去不远（我们当然知道这与真实状况不尽相符，不过为了简化问题，这是个可接受的假设），那么虽然位于最内层球壳的星星看起来最亮，但由于较外层球壳面积较大，含有较多星星，总视觉亮度其实与内侧任何壳层相同。换句话说，为数较多但较远较暗的星星所贡献的亮度，与为数较少但较近较亮的星星一样。看来我们又回到问题的原点，开普勒的观点似乎成为唯一的合理解释：宇宙并非无穷大，否则夜晚的天空就不会是暗的。

下一位登场的人物是奥伯斯。在他1823年发表的一篇论文里，夜空为何黑暗的问题再度被提出。他知道根据德谢梭的计算，距离造成星光变暗并非正解。他另行提出假说指出，太空中可能充满星际尘与气体，挡住来自遥远星体（如今已知是星系）的光芒。

不过他没考虑到，如果时间够长，这些物质会不断吸收来自远

① 当我们考虑的范围大过某个距离之后，自然会超出银河系。这时我们所讨论的就是星系的亮度，而非恒星。

处的星光，它们会慢慢被加热，到最后也会开始发光，而且亮度会与它们所遮住的星体（或星系）相同。

不论如何，当时几乎没有其他天文学家注意到奥伯斯提出的问题及解答，直到19世纪末为止。我们可以原谅奥伯斯所犯的错误。各位读者想想，当时天文学家不但不清楚宇宙的范围有多大，他们手上甚至没有明确的证据显示恒星聚集成星系，而我们的银河系只是广大宇宙中数十亿个星系之一。这种情况将会在20世纪的头十年改变，因为有一位科学家对时间与空间的本质提出崭新的科学观点。

不断扩张的宇宙

爱因斯坦在1915年发表他伟大的研究成果，但不是他著名的方程式，也不是为他带来诺贝尔奖荣耀、关于光的本质研究。这个理论被称为“广义相对论”，描述引力如何影响时间与空间。我们在中学时期学过牛顿的引力理论：引力是某种物体之间互相吸引却不可见的力。这种叙述当然没错，我们的确生活在一个受地球引力主宰的世界里，引力将我们拉向地球表面。牛顿的万有引力定律也可以解释月亮为什么会绕着地球公转，其引力如何影响地球的潮汐；它同时解释地球如何绕太阳公转，并且确认哥白尼以太阳为中心的太阳系模型。

美国航空太空总署（NASA）的阿波罗计划将航天员送上月球时，根据的就是牛顿万有引力所做的预测。这个学说毫无疑问是正确的，但它并非完全精确。

爱因斯坦的广义相对论用一种截然不同却远为精准的方式来描述引力。它指出，引力并不全然是一种普通的“力”，也就是说，它不是一条将两个物体拉近的隐形橡皮筋，而是一切带有质量的物体周遭空间形状的某种度量。写到这里，我相信除非读者本身具有物理背景，否则这些解释还是像天书一样难以理解。不过别担心，当爱因斯坦刚发表他的理论时，据说全世界只有另外两位科学家能够理解。时至今日，在经过各种实验的严格测试之后，我们已经确认广义相对论的正确性。

既然我们的宇宙是充满物质的空间，而且所有物质基本上都受引力主宰，爱因斯坦及其他同僚马上想到，也许广义相对论可以用来描述整个宇宙的特性。然而，爱因斯坦随即碰到一个棘手的难题。假设宇宙中所有星系在某个时刻相对于彼此是静止的，而且如果宇宙的大小有限，引力将会使彼此逐渐靠近对方，最终导致整个宇宙的坍缩。当时普遍公认的宇宙观认为，宇宙在星系的尺度以上是恒常不变的；一个随着时间演变的动态宇宙，不但与主流想法脱节，也显得多余。因此，当爱因斯坦发现广义相对论的方程式得出宇宙必将收缩的结论时，他决定设法补救这个漏洞，而非构思出另一个石破天惊的解答。他假设，为了平衡向内拉的引力，宇宙中必须有另一个作用方向相反的反重力，称为宇宙斥力。这个宇宙斥力恰好能够与各种物质之间的万有引力达成平衡，使得星系不会彼此撞在一起，并且使得宇宙维持在恒定状态。爱因斯坦想出的上述办法说穿了是一种数学技巧，让他的广义相对论能妥协于“已知”的稳态宇宙模型。

接着，令人意想不到的进展出现了。1922年，一位俄国宇宙学家亚力山大·弗里德曼想出不同的解答。有没有可能爱因斯坦弄错了，其实并没有协助宇宙保持稳态平衡的反重力？他了解到，如果真的如此，宇宙并不见得会因引力作用而坍缩，其实也有可能在扩张。不过这怎么可能呢？没有宇宙斥力的话，宇宙不是应该要缩小而非扩张吗？请看以下的说明。

设想某种原因（例如初始时期的爆发）让宇宙一开始就处于扩张的状态。物质之间互相吸引的力会让扩张减缓。因此，如果用来抵消引力的宇宙斥力不存在，宇宙又一开始就在扩张，现在的宇宙应该不是在扩张就是在收缩。唯一不可能出现的是稳态宇宙，也就是在扩张与收缩之间取得平衡；宇宙的状态是不稳定的。

以下的范例足以说明为何如此。想想看光滑斜坡上的球是怎么滚动的：如果将一颗球直接放到斜坡上，它必定会往下滚。然而，如果我们观赏一段球在斜坡上滚动的影片，当球滚到斜坡中间时将影片暂停，然后请第三者预测影片恢复播放后球的滚动方向。如果他们经过仔细思考，就会回答球可能往斜坡上滚（对应于扩张中的宇宙），也可能往下滚（收缩中的宇宙），但不会停在斜坡上静止不动。要让球往上滚的唯一办法，当然要有人在一开始时踢它一脚。在这种情况下，球向上滚的速度会逐渐减慢，最终会停下来并开始往下滚。

没有人打算相信弗里德曼的理论，包括爱因斯坦本人——直到发现观测上的证据。几年后证据就出现了。埃德温·哈勃是第一位证明银河系外还有其他星系存在的天文学家。在此之前，一般认为望远镜中所见许多一小抹的微弱光晕是银河系内的星际尘埃，称为星云。透过强力望远镜，哈勃发现这些星云根本离地球太远，不可能是银河系的一部分，因此他们本身必然就是其他星系。更引人注目的是，他的观测显示遥远的星系正在远离地球，而且远离速率与距离地球的远近相关。不论望远镜朝向天空的哪个方向，都能观测到此一现象。他的发现证明了弗里德曼关于宇宙正在扩张的想法是正确的。

哈勃更进一步准确地指出，既然宇宙在扩张，那么过去的宇宙必然较现在为小。如果将时间回溯到够久以前，我们将会回到某个所有星系彼此重迭的时刻，当时的宇宙拥挤不堪。继续回溯到更早的时间，所有物质将会愈靠愈近，直到我们回到宇宙创生的那一刻，也就是现今称为“大爆炸”的宇宙大爆发。（天体物理学家弗雷德·霍伊尔于1950年代首度使用“大爆炸”一词。）

在此必须特别说明，一般人常误以为宇宙扩张是指所有其他星系都在远离我们而去；这是错误观念。真正扩张的其实是星系之间虚无的空间。另一件值得说明的有趣事实是，我们隔邻的仙女座星系正朝着我们撞过来！根据目前所估计的宇宙扩张率，它应该以每秒五十公里的速率远离我们。反之它却以每秒三百公里的速率接近我们！之所以产生这种矛盾，是因为星系在宇宙中并非均匀分布，就像星星不是均匀分布在星系中一样。在哈勃所观测到的现象里，离我们而去的是极为遥远的星系，而非我们所在的本星系群的组成星系。

银河系与仙女座星系彼此接近的速率相当于两分钟内绕地球一圈，或是在一周内从地球航行到太阳的距离。事实上，这两个星系正在进行碰撞的程序，按照目前的进行速度估计，两个星系需要耗时数十亿年才会完全迭在一起。

关于宇宙扩张要说明的最后一点是，宇宙扩张速率正在逐渐增加。似乎有某种比引力还强的作用力将星系彼此推开，使扩张逐渐加速，与预期中引力会使扩张减慢的结果大不相同。这似乎是来自某种神秘的反重力作用，由于尚未找到更恰当的名称，我们暂且称它为“暗能量”。爱因斯坦关于宇宙斥力的想法看来终究不算太疯狂，只是它似乎正在将宇宙撕裂，而不是维持恒定。

现今的宇宙学家相信，尽管宇宙从140亿年前诞生到现在一直在扩张，但是由于它所包含物质的重力作用，前70亿年间扩张速率是逐渐减慢的。后70亿年之中，由于星系分布过于稀疏，使得引力的效应转弱。此时暗能量开始取得优势，导致空间扩张愈来愈快。这意味着宇宙永远不会再度坍缩，也就是宇宙不会毁于“大崩坠”（直到1998年发现宇宙加速扩张之前，大崩坠被认为是宇宙可能的最终命运之一）；相反地，所有物质因为远离彼此而永远被孤立，导致宇宙终将死于“热寂”（heat death）。这个想法令人意志消沉；不过，我们的寿命不会长到需要去烦恼这些问题。

大爆炸的证实

了解宇宙正在扩张的事实已经足以让我们解决奥伯斯佯谬，不过我想更进一步，证明宇宙的扩张必然是大爆炸造成的。除了空间扩张这个无可否认的证据之外，大爆炸理论还受到另外两个关键证据的支持。第一个证据是宇宙中各种不同化学元素的相对比例，又称为“元素丰度”（elemental abundances）。现存的元素中，最轻的两种元素“氢”与“氦”占了极高的比例，仅有极少量物质是由较重的其他元素（包括氧、铁、氮、碳等等）所组成。这个现象唯一合理的解释，乃是宇宙最初是处于炙热而高密度的环境，并在随后的扩张过程中迅速冷却下来。

远早于各种恒星与星系形成之前，在大爆炸的那一刻，宇宙里所有物质全都压缩在一起，没有任何空洞之处。大爆炸发生之后，亚原子粒子几乎立刻（在一秒之内）开始形成，当宇宙扩张并冷却下来之后，这些粒子才开始结合成原子核。要形成较重的原子核，温度与压力条件必须要恰到好处才行。温度如果太高，这些原子核将受到高速粒子及辐射的撞击而支离破碎，无法完整而稳定存在。反之，一旦宇宙稍微多扩张了些，导致温度与压力下降太多，氢与氦原子便无法融合成较重的元素。这也就是为什么早期宇宙形成的元素大多是氢和氦，而且这个过程在大爆炸后数分钟便已发生。几乎所有其他元素都得等到恒星形成之后，才会在恒星内部制造出来，那里正好提供了热核融合反应所需的温度与压力，能将较轻的原子核压缩融合成较重的原子核。也因此，大爆炸论成为唯一能让氢与氦元素比例预测值符合实际观测值的理论。

跟宇宙扩张一样，另一个支持大爆炸的证据也是在实际观测发现之前，就已经被理论预测出来。我们现在已经知道，太空中传播的大部分光子并非来自星星，而是远在恒星或星系形成之前就已存在、充斥于宇宙间的远古之光。大爆炸发生后不到100万年，第一批原子终于形成①，从此太空开始变得透明起来，因为光与辐射能够长距离自由传播，不被其他粒子散射或吸收。这些宇宙的第一道曙光在传播至今的过程中，随着它所穿越的空间不断扩张，其波长也不断拉长。计算结果显示，这些光线穿越时空来到现在的地球时，波长已经膨胀到超过可见光的范围。事实上，这些光落在微波的频谱上，也因此被称为“宇宙微波背景辐射”。

这种弥漫于整个宇宙的辐射，能被无线电波望远镜接收，成为来自宇宙深处的微弱信号。1960年代人类首次侦测到这种信号，随着仪器灵敏度不断增加，这些信号一再被接收到。不可思议的是，透过收音机与电视天线，我们也可以听到这些来自宇宙深处微波的嘶嘶声。

我们的宇宙有个起源已经无庸置疑。三个有力的证据包括：宇宙背景辐射（大爆炸的余晖，正好落在预测的波长上）；元素的相对比例；以及透过望远镜清晰可见的宇宙扩张。这三个证据都指向宇宙创生的那一刻。接下来，奥伯斯佯谬的解答终于要拍板定案了。

最终解答

我们来稍作复习。夜空之所以黑暗并非因为宇宙的大小有限；

---

① 完整的“原子”是由“原子核”捕捉“电子”形成的。——译者注

就我们所知，它可能无限延伸。也不是因为遥远的星光过于昏暗；我们看得越远，就能看到愈多的星系，累积起来的光芒足以照亮夜空中所见的银河系内恒星之间的暗处。更不是因为星际尘埃与气体挡住了来自宇宙最深处的光线；只要时间够久，这些挡路的物质便会吸收足够多被阻挡下来的能量而开始发光。这些都不是让夜空黑暗的理由。真正的原因其实比上述各种猜想更简单，也更深刻。夜空之所以幽暗，是因为宇宙是有起源的。

光以每小时超过10亿公里的速率传播，相当于每秒钟绕着地球走7圈半。这个速率同时也是宇宙的速限，没有任何东西可以传递得比光速还快。这并非由于光本身有任何特殊之处，而是因为这个速限其实是时空结构的一部分。光本身不具质量，使它得以用宇宙所容许的极速传播。爱因斯坦1905年提出的第一版相对论，也就是狭义相对论（未来的章节里我们将再度与它邂逅）里，已经将这个现象美妙地呈现出来——或许有些读者已经知道，没错，就是这个理论导出著名的$E = mc^2$关系式。

然而，跟宇宙尺度相比，光速就没那么惊天动地了。我们与银河系内其他恒星之间的距离，已经大到光得耗时数年才能从最近的恒星抵达地球，遑论星系之间的距离了。

正是光速的有限性让我们得以解开奥伯斯佯谬的矛盾。由于宇宙年龄将近有140亿岁，只有离我们够近的星系，光线才会到达地球被我们看到。宇宙扩张则让整件事变得更复杂。当我们认为某个星系在100亿光年之外，意指它所发出的光穿越了100亿年的时空才来到我们这里。在这段期间内，由于该星系与我们之间的距离已经被拉长，真正的距离早已经变成这个数字的好几倍。200亿光年外的另一个星系则不在我们的观测范围内，它发出的光仍在前来地球途中，我们目前还看不到，无法为夜空增添任何亮度。我们在太空中最远只能看到宇宙年龄所允许的范围。

我们所见的星空其实只是整个宇宙的一小部分，称之为“可见宇宙”。即使透过最强大的望远镜，我们也无法看得比上述太空中的“视界”更远，因为它同时也是时间上的视界。我们眺望得愈远，看到的是愈早的时间点，也就是光源在数十亿年前发射出来的光线；我们看见的是“当时”的影像，而非“目前”的模样。

对地球上的观测者而言，可见宇宙的边缘同时也是宇宙最早的一刻。以下厘清最后一个关于宇宙扩张的微妙之处：即使换成一个140亿年前突然出现的稳态（不扩张的）宇宙，我们依旧无法观测到140亿光年以外的太空。阻止我们看到无穷远的并非宇宙扩张本身。在稳态宇宙里，只要等得够久，来自更遥远星系的光线终究还是会到达我们这里。但在真实的扩张宇宙里，我们之所以无法看到无穷远，是因为在可见宇宙的边缘之外，光速永远无法超越宇宙扩张的速度，就像沿着上行的电扶梯向下走，却不够快一样；宇宙视界以外的光线永远无法到达我们这里。

上一章我曾提到，为了解开芝诺悖论的矛盾，我们需要借助严格的科学方法，不能只依赖抽象的逻辑。不过奥伯斯佯谬第一个正确解答的出现，却是透过直观的逻辑推理而非科学，而且还是出自于最出乎意料的人之手：19世纪美国作家与诗人埃德加·爱伦·坡。

在他40岁过世的前一年，爱伦·坡出版了一本公认最重要且最具影响力的著作，题为《我得之矣：一首散文诗》(*Eureka：A Prose Poem*)的评论集。这本书改编自他发表的一场演讲内容，副标题为“关于物质与精神世界的随笔”，是一部非凡的作品。它并不是一部真正的科学著作，而是爱伦·坡对于自然定律的直观想法。它可说是爱伦·坡猜想宇宙如何开始、演化与终结的宇宙学论述。他在书中运用的是逻辑推理与大胆猜测，而非具有明确科学根据的构想。例如，他自创关于牛顿万有定律如何解释行星形成与自转的理论，但并不正确。然而，在他的论述中却埋藏着以下著名的片段：

假设星星绵延不绝直到无穷远处，那么天空的背景会呈现均匀的亮光，就像银河一样——整个背景完全没有任何一点不被星星填满。但是透过望眼镜，我们却在四面八方的夜空发现幽暗与虚空。在这种情况下，唯一能让我们理解这些虚空的方法，乃是假设不可见的背景深不可测，以至于尚未有任何来自该处的光线能抵达我们这里。

答案就是它了。第一个正确解决奥伯斯佯谬的不是科学家，而是诗人。有历史学家辩称，爱伦·坡的论述不过个臆测，应该等到19世纪最伟大科学家之一的开尔文爵士在1901年发表完整的计算结果，这个悖论才算真正获得解决。不过开尔文基本上只是提供爱伦·坡构想的数学证明罢了。不论我们愿不愿意接受，爱伦·坡的确答对了。

所以，该怎么回答我们一开始的问题："为何入夜之后天色会变暗？"答案是，因为宇宙源起于大爆炸。

关于最终解答以及大爆炸的证实

科学家们常被问起，有哪些证据可以证明大爆炸确实发生过。他们通常会引用前述的三个证据作为标准答案。在我看来，把奥伯斯佯谬反过来作为答案岂不是简单多了，而且更具说服力？相较于原来的说法"入夜后天色会变暗是因为宇宙必然有个起源，在某个距离以外的光还没有足够的时间传递到我们这里"，为什么不把论证的方式颠倒过来呢？如果有谁想知道大爆炸如何证实，只要在夜间走出户外，仔细思索天空为何幽暗即可。

真正令人难以参透的，应该是天文学家竟然花了这么久的时间才参透答案吧。

第四章

麦克斯韦妖

MAXWELL'S DEMON

永动机是可行的吗

如果读者巧遇一群物理学家，并且请教他们个人认为科学史上最重要的概念是什么，你可能预期会得到各式各样的答案：诸如原子论、达尔文演化论、DNA结构、或是宇宙起源于大爆炸等。不过事实上，他们很可能不约而同选择热力学第二定律。本章将探讨这个重要的科学概念，以及一个在过去百年来不断挑战它，甚至差点推翻它的悖论。

麦克斯韦妖悖论是个简单的构想，却让许多伟大的科学头脑绞尽脑汁，甚至还开创出崭新的研究领域。这全都是因为它挑战了自然界至高无上的定律——热力学第二定律。这个定律仅仅简单规范了热与能量如何传递与运用，影响却极为深远。

根据热力学第二定律，如果将一只冷冻的鸡放到热水瓶上，那么你预料鸡将开始解冻，热水瓶同时开始降温。（这是我向家人解释此一定律时，他们想到的例子。）读者绝不会观察到热能往反方向传递，使热水瓶变得更热，鸡变得更冰。热能必定从高温处往低温处流动，永远不会跑错边，而且在达到热平衡、温差降为零之前，都不会停止。你也许会认为，这没有什么值得争议的。

我们接下来探讨麦克斯韦妖的问题。原始构想概述如下：想象一个绝热的盒子，里面只有空气，中间被一道绝热的厚隔板隔成两半。隔板上有一道活门，当一个空气分子从任一侧接近时会迅速开闭，让分子通过隔板进入另一侧。箱子两侧的气压会维持相等，因为假使任何一边的压力升高，碰到活门进入另一侧的空气分子就会增多，使两侧压力恢复平衡。

这个过程会持续进行，箱子两边不会产生温度差。为了解读以上的叙述，我必须解释“温度”这个概念在分子上是如何定义的。基本上，当分子碰来撞去的速度愈快，气体的温度就愈高。所有气体（包括空气）都含有数以亿计的分子，这些分子以不同的速度与方向随意移动，有快有慢，不过它们的平均速度却依温度而定。盒子里通过活门的分子，有些移动速度较快，有些较慢。平均而言，进入两侧的快速分子（或慢速分子）数目应该相同，因此箱子的两边不会产生温度差。假使读者认为通过活门的快速分子可能会比慢速分子来得多，你的想法并没有错，但是从右至左与从左至右的快速分子一样多，所以结论并未改变。

如果到目前为止各位读者都跟得上，那么我准备释放精灵了。

图4.1　充满空气的麦克斯韦盒子

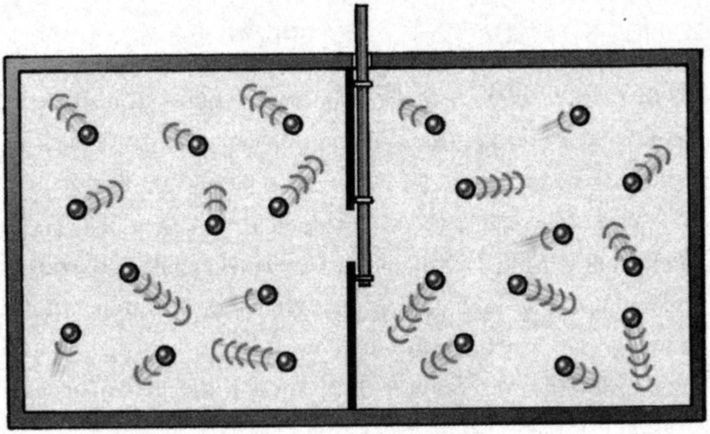

（a）空气分子接近活门之前

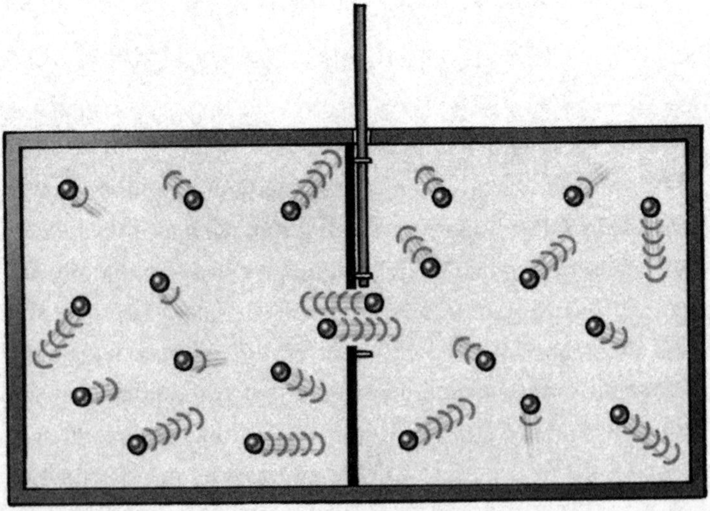

（b）空气分子接近活门之后

麦克斯韦妖是一种假想的微小生物，拥有绝佳的视力，能分辨单独的空气分子及其运动速度。接下来我们让精灵来控制活门的开关，而非任其自行启闭。虽然它允许同样数目的分子通过活门，但这里还需要考虑一个额外因素：精灵的知识——它只允许快速分子从左侧隔室通过活门进入右侧，慢速分子由右侧进入左侧。

在这位精灵出现后，与原本活门随机开关的情形相比，似乎不需要额外的努力或消耗额外的能量，就能产生截然不同的结果。这点很难令人不与第一章所探讨的蒙提霍尔悖论相提并论，其中电视游戏节目主持人的先备知识也扮演类似角色。不过请别掉入陷阱里。主持人预先知道大奖藏在哪个门后，只会改变我们推算概率的方式，仅止于此。而麦克斯韦妖所具备的知识不但扮演一个远比前者重要的角色，我们稍后还会明了，这些知识甚至是整个物理程序当中的关键。为了破解这个悖论，我们将需要详述这些物理程序。

随着精灵负责掌控活门的开闭，盒子右侧隔室的快速分子逐渐增加，气体温度也逐渐升高；左侧隔室不断累积慢速分子，所以温度下降。看来仅仅运用这个精灵具备的知识便能在盒子左右隔室之间建立温度差。这个现象违反了热力学第二定律。

光凭着这些，麦克斯韦妖就逆转了一个原本受热力学第二定律支配的程序。这怎么可能呢？许多伟大的科学金头脑前后总共耗时超过一世纪与这个悖论搏斗。读者们即将获悉我们是怎么解决它的——毕竟与本书中其他表观悖论一样，它是能被破解的，热力学第二定律因而得救。

图4.2　麦克斯韦妖

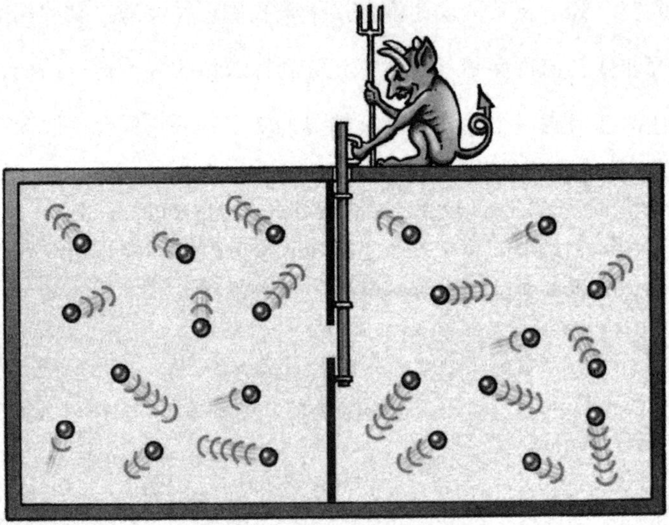

（a）空气分子接近活门之前

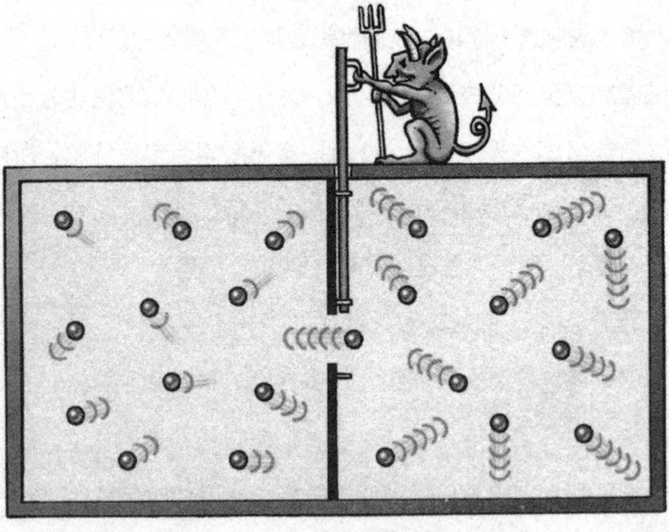

（b）空气分子接近活门之后

这个主题之所以一直如此引人入胜，是因为它与永动机有关。永动机是一种看似不需消耗能量就能不断对外作功的装置。假使麦克斯韦妖能违反第二定律，就有可能建立一个功能相同的机械装置。本章稍后将检视几种这类的装置。现阶段我暂且不想耗费太多篇幅说服读者：永动机是不可行的。

松掉的发条，洗均匀的牌，与渐增的乱度

热力学总共有四条定律，全都关于热与能量之间彼此如何转换，但四条定律之中没有任何一条的重要性比得上第二定律。想到这个物理学里最重要的定律之一竟然连热力学定律的第一条都排不上，总令我不禁莞尔。

热力学第一定律直截了当地指出，能量可以在不同形态间互相转换，但是不能凭空产生或消灭。比较学术的讲法是：一个系统的内能变化，等于系统吸收的热能减掉系统对外所作的功；意味着“所有系统只要作功，就需要消耗能量”，例如汽车行驶需要燃料，计算机运作需要电力，我们光是活着就需要热量，所以必须摄取食物等。以上范例说明，为了使系统能够输出所谓“有用的功”，我们必须对该系统输入各种不同型态的能量。“有用”一词在此之所以重要，是因为我们承认某些型态的能量确实无法加以利用，例如摩擦产生的热，或引擎产生的噪音等等，只能散逸到系统以外的周遭环境中。第一定律由此为更重要的第二定律奠定基础。第二定律表明，一切物品都会逐渐耗损、冷却、松弛、衰老与退化。它解释为何糖会在

热水中溶解，而非凝结成块；它也解释玻璃杯里的冰块为什么总是无可避免地融化，因为热量一定是由较温暖的水传递到较冷的冰块，绝不会颠倒过来。

然而，为什么理应如此？如果从原子或分子个体之间的碰撞与交互作用的观点来观察这个世界，我们将无法分辨时间究竟往哪个方向流逝（我的意思是说，我们如果像看电影一样观察微观物理程序的进行，将无法分辨影片是顺转或倒带）。在原子尺度下，所有物理程序都是可逆的。假使一个微中子与一个中子产生反应，在原处会产生一个质子与一个电子飞散开来。而当一个质子与一个电子撞在一起，也会反之产生一个中子与一个微中子飞散开来。这两种反应都被物理定律所允许，看起来就像时间往前或倒着走。

我们在日常生活中要判断时间走向易如反掌，但微观世界却与日常生活所发生的事件大相径庭。比方说，读者永远不会观察到烟囱上方的烟往烟囱出口收拢，然后井然有序地往下被吸入烟囱里。

同样地，读者也无法将溶解在一杯咖啡里的糖“逆搅动”回一颗方糖，而且永远不会看到火炉里的灰烬“逆燃烧”变回木材。但所有物质都是由原子构成的，究竟是什么使得上述这些日常事件有别于原子尺度下的物理程序呢？我们周遭所发生的现象，为什么大多无法逆向进行？从原子到烟囱上的烟、咖啡以及木材，物理程序究竟在哪个阶段开始变得不可逆？

仔细检验的话，我们会发现上述的程序并非绝对不可逆，而是逆向发生的可能性极低。在物理定律的规范下，透过搅拌将已溶解的糖“逆溶解”回方糖是完全有可能发生的。但假若真的出现这样的现象，我们会怀疑它是某种变魔术的把戏——这么想的确也没错，因为发生的概率低到足以被忽略。

为了让读者更透彻地了解第二定律，我必须介绍一个叫做“熵”的物理量。这个物理量将在本章扮演吃重的脚色。不过我得在此先警告大家，不论我努力将这个概念解释得多么仔细，你或许仍会觉得它难以理解。

熵是一个相当刁钻的概念，不容易定义，它所代表的意义会依我们陈述的状况而定。以下举几个例子来说明。熵的其中一种定义是，它衡量一个系统的混乱程度，描述一个系统有多么混杂。一副没洗过的扑克牌，如果每个花色都分门别类，并且依照由小到大的顺序（二、三、四……到杰克、皇后、国王、王牌）排列，其熵值最低。如果稍微洗一下牌破坏原来的顺序，这副牌的熵就升高了。接着我们可以问：如果继续洗牌，这副牌的顺序会发生什么变化？答案显而易见：牌序更乱的可能性完全压过恢复原本顺序的概率。

因此，继续洗牌，熵就会不断升高。当各种牌完全混杂在一起之后，熵也达到最大值，进一步洗牌已经无法使牌更混杂。洗牌前的牌序是独一无二的，但是牌序混杂的方式却多到不可胜数，因此洗牌将使牌序压倒性地往一个方向发展：从有序变成混杂，也就是从低熵值演变成高熵值。这跟半溶方糖的不可逆性是同一回事，搅拌将会使糖进一步溶解。

我们发现，热力学第二定律具有统计性的本质，不管物理世界任何特定的性质为何。低熵值态演变为高熵值态的概率完全压过逆向进行的可能性。

图4.3 熵即是乱度

左图的五张牌依照大小顺序排列，该状态的熵值比右图的牌来得低。

为了给读者一些相关的概率概念，假设你拿到一副彻底洗过的牌，再度洗牌之后，这副牌出现完全依花色及大小排列的概率，将不只和中一两次全国乐透头彩的概率一样低，而是像连中9次一样这么低！

除此之外，熵也可以衡量一个系统将能量用来作功的能力。在此定义下，将能量转换作功的能力愈强，该系统就处于熵值越低的状态。举例而言，充饱电的电池熵值最低，而熵在放电的过程中不断升高。发条玩具上紧时熵值很低，随着发条愈来愈松，熵也愈来愈高。发条完全松掉之后，我们可以耗费自身的能量将发条上紧，使它的熵降回原来的低水平。

热力学第二定律基本上是一个关于熵的陈述：一个系统的熵只

会增加而不会减少，除非从外界输入额外的能量。在发条玩具的例子里，上紧发条降低它的熵并未违反第二定律，因为上发条时系统本身（发条玩具）与环境（我们）不再彼此隔绝。玩具的熵虽然减少，但由于我们对它“作功”把发条上紧，我们自身增加的熵比玩具减少的还多。整体而言，玩具加上我们的总熵还是增加的。

第二定律也因此决定时间流逝的方向。你也许认为这只是个无聊的陈述：时间本来就该从过去到未来。然而，“从过去到未来”不过是我们描述现象的一种方式罢了。为了得到更科学化的定义，可以设想一个不具生命的宇宙，以免我们透过主观来认定过去（记忆中已经发生过的）与未来（不在记忆中、尚未发生的）。结果显示，“时间往熵增加的方向流逝”是一种更有意义且符合实际状况的说法。借由物理程序来定义时间的走向，我们已经将脑海中的主观意识与自我从事件中抽离。这个定义不仅适用于孤立系统，也适用于整个宇宙。读者可以想见，假如一个孤立系统的熵减少，你将得到时间必然已经逆转的结论——这点光想到就觉得很诡异（至少在本章是如此）！以下是英国天文学家亚瑟·艾丁顿评论第二定律的重要性：

我认为，“熵必然会增加”的定律，亦即热力学第二定律，在自然界定律中拥有至高无上的地位。如果你提出的理论违反第二定律，那么我只能说你没指望了；它唯一的下场就是在彻底的羞辱中灰飞烟灭。

我们有时候会遇到熵看起来好像减少的情形。例如：各式各样精巧的金属小组件组合成手表这个高度精密有序的系统。这是否违反第二定律呢？并没有，这个例子其实只是复杂版的发条玩具罢了。钟表匠得费很大的劲制作手表，使得他自己的熵增加了些。除此之外，将矿石冶炼成金属，再加工制作成所需组件的过程也产生许多废能，这些废能比造出一只手表所降低的少量熵还高出许多。

这说明了麦克斯韦妖为什么会带给我们如此大的困惑。这个精灵透过空气分子的重新分类将盒里的熵降低，类似钟表匠制造手表带来的效果，但却不用亲手移动这些分子。一般来说，当一个系统的熵减少，我们会发现该系统其实并未完全与环境隔绝。当我们将眼光拉远，把环境也考虑进来之后，就会发现总体而言熵是增加的。地球上发生的许多现象，可视为我们居住的行星表面熵降低的过程，从生命演化到建造结构复杂的建筑都属于此类。所有物品的熵，包括汽车、猫、计算机甚至甘蓝菜，都比构成它们的原始素材来得低。尽管如此，第二定律却从未被推翻。别忘了，即便行星本身也未完全与环境隔绝。地球上绝大部分生命（以及所有低熵结构体）之所以存在，全都是因为有阳光。当我们考虑地球加上太阳的综合系统时，系统整体的熵是增加的，因为太阳不断释放辐射到太空中（其中只有一小部分被地球吸收），它本身增加的熵远比地球减少的还多。在地球上，太阳的能量支持各种生命现象以及其他各种低熵的复杂结构。例如，一颗甘蓝菜透过光合作用吸收太阳光能而生长，高度有序的组成细胞不断增生，熵也不断降低。

读者可以想见，过去这些年来科学家屡屡受到推翻第二定律这个挑战所吸引，构思出看似达成目标的情境。在这些人当中，最值得注意的是19世纪苏格兰数学物理学家詹姆斯·克拉克·麦克斯韦，他以发现光即是电磁波而闻名于世。

在1867年所发表的一场演讲里，他提出这个著名的假想实验：一个虚拟的精灵身负推翻热力学第二定律的重任，把守盒子里两个隔室之间的活门。它控制活门的方式就像一个阀，只允许高速的“热”气体分子单向通过，慢速的“冷”气体分子只能反向通过。它藉此将空气分子分类，使一边的隔室变热，另一边的隔室变冷。

这个现象彻底违反热力学第二定律，因为假使活门像稍早讨论的那样完全随机开闭，精灵看来不用消耗额外的能量就能开关活门，达成目的；由于空气分子依照速度快慢被分配到两边，盒内整体的熵降低了。

单向阀

这个悖论该怎么解决呢？麦克斯韦妖是否能降低盒中气体的熵？如果真的可以，我们该怎么挽救第二定律？先让我用物理学家的方式来处理这个问题——将问题中与论证无关的点全部移开。

在这个悖论里，让我们将精灵换成同样功能的机械装置。接着我们可以问，是否有任何机械作用能胜任精灵的角色？就某些方面而言，精灵的作用的确像一个单向阀。因此我们可以探讨，使用单向阀是否能使盒子两侧隔室产生温度上的不平衡，造成熵降低，进而造就“汲取”能量的方法。在仔细检验这个构想之前，其可能性就已经有点启人疑窦。毕竟如果真的可行，世界上的能源问题早就解决了。就这一点来看，可行性看起来已经相当渺茫。

我们怎么如此确定单向阀无法从平衡态中汲取能量？也许第二定律并没有这么神圣不可侵犯。以前大家也都相信牛顿万有引力定律是正确的，直到爱因斯坦出现，提出本质上完全不同但更精确的广义相对论。热力学第二定律是否有可能存在一些细微的漏洞，等待一个够聪明、有勇气与想象力的科学头脑来发掘，并用一个更好的理论取而代之？

不幸的是，答案是否定的。万有引力定律是牛顿发现的一条数学方程式，用来描述他观察到的自然现象，也就是物体彼此之间的引力与其质量及两者之间的距离相关。爱因斯坦所做的，是指出这条方程式并没有错，但只是接近的描述；还有更深刻的方式可以描述引力，也就是时空的曲率。不过，这个新理论运用的数学相对深奥得多。

热力学第二定律的情况则不同。虽然这条定律一样来自实验观测，却能透过纯统计学与逻辑来理解。如今，这个理论已经建立在比任何观测更精确也更稳固的基础上。事实上，爱因斯坦曾经写道："我相信，它是广泛应用到各领域的物理理论当中，唯一不会被推翻的。"

我们来建立一个简化版的麦克斯韦妖，看看会发生什么事。

如果读者接受，当盒子左右隔室之间缓慢自发地产生任何形式的"不平衡"时，都会造成熵的减少，那么你就能同意把悖论中原本的温差换成压力差。我们也能利用压力差来作功（稍后有实际范例），与左右隔室压力平衡的状态相比，此状态也具有较低的熵。

这么一来，我们所面对的不平衡态变成一侧隔室的分子数目比另一侧来得多，而非一侧是高速分子、另一侧是低速分子。在分子尺度下，压力的大小定义为撞击隔室墙壁的分子其数目多寡。

为了了解如何利用压力不平衡来作功，设想将盒子里的隔板打开之后的状况。当盒子一侧的空气压力较高时，隔板打开后这些高压空气将会冲向另一侧，使盒子里的压力达到平衡，同时伴随着熵的增加。这种因压力差引起的气流可用来作功，比如推动风力涡轮产生些许的电力。因此，建立这种压力差显然与储存能量的效果类似，就像将发条玩具上紧，或是将电池充电。如果这个程序自发产生，将违背热力学第二定律。

挑战第二定律最简单的一种单向阀，是装在隔板上仅能单向开启的弹簧门，当来自左侧的空气分子撞上它时便打开，分子通过后迅速关上。来自右侧的分子撞上它只会使它关得更紧。不幸的是，这种装置甚至无法开始运作，因为一旦两个隔室之间出现些微压力差，左侧分子撞击弹簧门时产生的压力将无法抵抗右侧分子保持门关闭的压力。

现阶段读者也许认为，这个装置只有在右侧隔室（也就是空气分子试图将门压住，使门保持关闭的那一侧）的压力增大到左侧快速分子无法挤过阀门时才会失效。至少随着头几个快速分子通过阀门，并在隔板两侧建立些许的压力差，自发不平衡的程序便能开始。即便这样也已经违反了第二定律。将右侧隔室小小的压力差释放出来推动风力涡轮，可以产生微弱的电力。如果这个程序持续反复进行，产生愈来愈多电力，可以想见结果将让我们陷入更深的困境中。我们需要知道为什么根本不可能建立压力差，否则第二定律就有麻烦了。

到目前为止，我们一直假设单一气体分子可以撞开由数以亿计的分子构成的阀门，不论阀门的材质为何。实际上，当我们把尺度放大到分子大小时，对阀门亦当如此。在这个尺度下，阀门的分子也会或快或慢地随机震动。当一个高速空气分子从左侧隔室撞击阀门使其打开时，会将部分能量移转给阀门分子，使它们震动更加剧烈，过程中导致阀门随机开闭，其程度恰好允许一个空气分子逆向通过。当然，空气分子在这个机制下或许不是刚好一对一交换，不过由于来自左右两侧大量的空气分子不断撞击，阀门在分子尺度上持续震动，永远不会只允许空气单向通过。

如果左右隔室之间建立的是温度差而不是压力差，以上论点也一样适用。热能基本上就是分子的震动，可借由分子间的碰撞来传递。这个现象除了发生在空气分子，也会发生在闸门分子上。当左侧的一个高速分子撞击阀门并开启它的同时，也将自身的部分能量移转到阀门分子上，使其震动更剧烈。这种震动的能量（亦即热能）会重新移转给左侧隔室的空气分子。因此，高速分子的部分能量再度回到它原来的隔室。至于带入右侧隔室的多余能量，最终还是在空气分子不断从右侧撞击活门之下移转给阀门分子，再传导回左侧隔室。结果，左右两侧隔室剩下的高速分子还是一样多。

我们学到的教训是：只对隔板某一侧空气分子有反应的单向阀或活门，本身并无法独立于能量传导程序之外。如果它敏锐到足以对单一分子产生反应，那么它同时也会被这些分子所影响，无法成为两个隔室之间的隔热体。

可是精灵更为聪明……

我想向读者介绍一位名叫利奥·西拉德的匈牙利科学家兼发明家。在1928年到1932年这段创造力的颠峰期，西拉德发明了史上最重要的几部机器，尽管当时他才30出头。这些机器目前仍用于科学研究上，它们分别是：1928年发明的线性粒子加速器，1931年的电子显微镜，以及1932年的回旋粒子加速器。不可思议的是，在所有三个例子中，他根本懒得发表他的发明、为他的构想申请专利、甚至建造机器的原型。这三项发明都是后人根据西拉德的研究成果继续发展出来的。其中两项为其他物理学家赢得了诺贝尔奖，得主分别是：美国的欧内斯特·劳伦斯，因发展回旋粒子加速器得奖；德国的恩斯特·鲁斯卡因首度建造出电子显微镜而获奖。

1929年，正值创造力巅峰的西拉德发表了一篇至关重要的论文，引起一阵骚动。论文题目是《关于热力学系统中因为智能生物介入所造成的熵降低》(*On the Reduction of Entropy in a Thermodynamic System by the Interference of an Intelligent Being*)，文中提出另一个版本的麦克斯韦妖，日后被称为“西拉德引擎”。

他的版本不只触及这个悖论最核心的物理程序，他另外还指出，正是因为精灵具备智慧以及分子状态的相关知识，才使得结果大为不同，而这正是麦克斯韦所担心的。这个悖论无法透过机械装置来解决，不论设计多么灵巧。

容我重述一下这个悖论。不论单向阀或活门的运作多么灵巧，随机乱撞的空气分子要在不借助外力的情况下，在两个隔室之间自发地产生温度或压力的不平衡，其实并不可行。要达到这个目的，一定需要借助某种外来的助力。值得注意的是，看来这种助力可以仅以简单的信息形式出现。

我们似乎又回到问题的原点，试图将抽象概念如信息、甚至智能生物存在的必要性，融合到物理定律不具意识的统计世界中。我们是否终究得被迫承认，热力学第二定律只有在无生命的宇宙中才会成立？或是生命体具有某些不属于物理学范畴的神奇元素？恰恰相反，西拉德提供的解答巧妙地确认了第二定律的普适性以及熵递增的概念。

设想盒子里有100颗空气分子，每一侧隔室各有随机选出的50个，而且快速（或慢速）分子一样多，因此两侧空气的平均温度相等（真实状况下将有数以亿计的分子，在此暂且先把问题简化）。精灵小心翼翼地控制活门的开闭，让25个较快的分子进入一侧隔室，让25个较慢的分子进入另一侧。这个过程需要开关活门50次。读者也许认为精灵消耗在开关活门的能量就是降低盒子的熵所付出的代价，不论消耗的能量有多小。这些来自系统外部的能量等同于将玩具发条上紧的效果，也就是从外界某处作功（并导致其熵增加），来降低该系统的熵。然而，假使精灵没有分子状态的信息（也就是它无法分辨快速与慢速分子），只是随机开关活门50次，让左侧隔室的半数分子进入右侧，右侧隔室的半数分子进入左侧，那么平均而言两侧的温度将维持不变，因为由左至右的快速或慢速分子将会与由右至左的一样多。在没有信息，或是有信息但选择不予采用的情况下，盒子的熵将不会减少，精灵却仍然消耗一样多能量在活门的50次开关上。很显然，开关活门所耗的能量未必与将分子按照速度分类的程序有关。

西拉德的真知灼见在于，他指出了信息在这个悖论情境里所扮演的角色。他的论点是，精灵必定将能量消耗在测量分子速度这个动作上，而非控制活门的开关。要获得信息必然得付出能量，精灵在脑海里将信息组织起来的过程便会消耗能量。从最根本的角度来看，信息其实不过是大脑或计算机记忆库的某种有序状态，亦即某种低熵态。当我们拥有愈多信息，我们的大脑就更结构化与组织化，熵也就愈低。

这个保有信息的低熵状态赋予我们作功的能力。信息就像储存电能的电池，可用来降低别处的熵。

麦克斯韦妖的效率当然不可能达到100%。它需要消耗能量以便取得所有分子位置与状态（即温度）的信息。它或许需要花费更多能量以利用这些信息将不同速度的分子分开。精灵在一开始消耗能量获得信息，已经使外界环境的熵升高，进一步地消耗能量将使熵增加更多。

总而言之，我们可以将一部计算机（或大脑）想成一台可以接受低熵能量的机器，例如电力（或食物），然后将这些能量转换成信息。

这些信息可以用于（或转移到）某个物理系统降低它的熵，例如将系统组织化等，使它具备作功的能力，这与发电机产生的废热与噪音等毫无用处的高熵能量截然相反。由于过程中没有任何一个步骤的效率是100%，总有一些热能在过程中散失。周遭环境的熵之所以增加，一方面是因为提供能量给精灵使其获取信息，另一方面是因为上述熵在过程中所散逸的废热，使环境的熵进一步升高。环境增加的熵总和起来还是超过信息处理之后系统减少的熵。因此，第二定律得救了。

“随机”究竟是什么意思

我们接着要更仔细地检视第二定律，以及关于有序与无序的课题，因为我们还没找出熵最根本的意义。在扑克牌的例子里，一副依花色与牌点大小递增排列的扑克牌有较低的熵，而随机洗过的牌则有较高的熵，这似乎无庸置疑。但如果这副牌只有两张呢？如此一来，只有两种可能的排列，区分哪种排列更有序并没有什么意义。假使有三张牌，比如红心二、三、四呢？也许读者会说，“二、三、四”的排列比“四、二、三”来的有序，因此具有较低的熵；毕竟前者是按照递增顺序排列的。但是如果这三张牌换成红心二、方块二与黑桃二呢？是否有任何一种排列方式比其他更有序？与前例的不同只在于，这三张牌的差异是靠花色定义出来的，而非大小。所以，扑克牌的花色与大小等标记方式其实并不会影响一组牌的熵？“红心二、方块二、黑桃二”的排列与“方块二、红心二、黑桃二”比较起来，熵并没有比较多，也没有比较少。

这么看来，我们先前将熵定义为系统的乱度，其实不够精确，因为乱度的定义太狭隘。这个定义显然只适用于某些状况，我们得将它推展。以下拙劣的扑克牌把戏足以表达我的意思。我拿出一副依序排列的扑克牌，洗牌之后展示给你看，这副牌已经洗得非常均匀。接着我说：仔细看喔！然后做出洗牌的动作。我宣称，这副牌已经被我洗成非常特殊的顺序。这真是令人叹为观止，我的动作与最早的洗牌动作看起来根本没两样。我将整副牌翻过来在桌上摊开。让你既诧异又难掩失望的是，这副牌的顺序看起来跟先前一样乱。你反驳道：这根本不是你所说的什么“特殊排列”嘛！

啊，可是它的确是呢。你瞧，我愿意用任何赌注跟你打赌，随便拿出另外一副牌，你无法在洗牌之后重现这副牌的顺序。你成功的概率与一副洗好的牌再洗回依序排列一样渺茫，大约是一亿兆兆兆兆兆兆分之一。基本上连试都不用试。若从这个角度来看，我手上随机顺序的牌跟一副没洗过的新牌一样“特殊”。这么一来熵怎么办呢？假使洗完后出现的牌序跟最初的牌序概率一样小，我们就无法宣称熵是增加的，不论牌洗得多么彻底。

由于篇幅有限，我打算直接给答案。比起我手上随机出现的“特殊”牌组，按顺序排列的牌组确实更特别。原因在于熵衡量的其实是一个系统的随机性（randomness），而非无序（disorder）。这看起来像在玩文字游戏，不过它确实给了我们更严谨的熵的定义。学术上，用来衡量“特殊性”相对程度的术语称为“算则随机性”（algorithmic randomness)。

“算则”（algorithm，又译为算法）一词在计算领域被用来统称计算机程序中的一系列指令，而“算则随机性”为指示计算机产生某种特定扑克牌序（或数列）所需的最短程序长度。在先前只有三张牌的范例里，重现“二、三、四”的顺序需要用到以下指令：“从最小排到最大”。而“四、二、三”顺序则要下达诸如“从数目最大的开始，接着由小排到大”的指令；在这个例子里，也可以直接指定每个位置的牌“从四开始，然后是二，接着是三”，复杂程度其实差不多。后两种指令的算则随机性都比第一个指令来得高一些，因此“四、二、三”这个排列方式的熵就比“二、三、四”多一些。

当我们使用完整的一副52张牌时，情况将会变得更明朗。下指令叫计算机产生某种有序的排列相对上较为简单：“从红心开始，将牌点依照递增的顺序排列，幺点最大，接着对方块、梅花、黑桃进行同样的排序”。但是你要如何撰写程序，安排计算机产生我洗牌后出现的特殊顺序？这种情况也许就没有投机取巧的做法，只能一步步下达明确的指令：“从梅花的国王开始，接着是方块二，红心七（依此类推继续下去）”。如果这副牌尚未达到最大乱度，其中还有几段没洗到的牌，原来的牌点顺序还没被破坏，程序的长度就可以缩短。例如，假使黑桃二、三、四、五、六仍然连在一起，那么这一段就可以下较为简短的指令：“从黑桃二开始，其后四张牌同花色，且按递增顺序排列”，而不需要使用更长的指令明确指出每张牌的牌点与花色。

图4.4　熵即是随机度

与右图的牌相比，按左图方式排列的五张牌处于熵较低的状态，因为描述其排序所需用到的信息较少，而非它比较“特别”。

讨论计算机程序的长度，对读者而言或许没有太大的意义，我们大可跳过定义算则随机性这一段。然而，跟麦克斯韦妖的大脑一样，我们的大脑从最根本的层次来看就是一部执行指令的计算机，你可以将算则随机性的概念换成我们的记忆能力。如果给你一副随机洗过的牌，请你将它依照花色和牌点递增顺序排列，指令很明确也很简单，你一定可以轻易完成（你可以将牌翻正，轻松地进行排列动作，而非透过随机地洗牌，靠概率盲目地达成目的）。如果请你将扑克牌依照我洗牌后得到的“特殊”顺序排列，在你试图用手上的牌复制这个顺序之前，也许就会发觉要记住它几乎是不可能的任务。与前者相较，你需要更多的信息来重现扑克牌的顺序。而当你知道愈多关于一个系统的信息，你能够对它进行的排序工作就愈多，降低的熵也愈多。

永动机

自古以来，许多具有商业头脑的人不断尝试发明永动机，一种能够持续运转并对外作功的机器。简单来说，即便只是让它维持运转，它产生的能量比消耗掉的还多。但这是不可能实现的。

我得先澄清一下，当我们宣称某件事在科学上不可能实现时，一定得非常小心。毕竟热力学第二定律的统计本质已经告诉我们，在一杯热水中自发形成冰块并非全然不可能。不过这种可能性微乎其微，你可能得等超过整个宇宙年龄的时间才会观察到这个现象发生，因此我们可以排除它的可能性。当我们说某件事不可能发生时，通常意指“根据我们现阶段对自然界运作方式的了解，以及公认的现行物理理论，它不可能发生”。我们当然有可能是错的，而正是这一丝些微的希望，驱策发明家们不断设计出天马行空的永动装置。

这类机械装置主要分为两大类。第一种永动机违反的是热力学第一定律，它们不须输入能量就可以作功。热力学第一定律是关于能量守恒的表述，指出在一个孤立的封闭系统里，新的能量无法被创造出来。任何宣称能够无端产生能量的机器都属于此类。

第二种永动机虽然没有违反第一定律，却因为采用某种使熵减少的方式将热能转换成机械能，而违反热力学第二定律。微妙之处在于，上述现象并未伴随他处熵的增加来平衡系统所减少的熵。如先前所述，第二定律的其中一种解释是，热能只会由高温处流向低温处。在这个过程中熵增加了，却可以从中汲取出有用的功，去降

图4.5　两种简易的永动机

（a）“失衡”的轮盘装置。这个永动机的构想可回溯至第8世纪的印度。曾有许多精巧的设计被提出，它们全都基于相同的原理，而且也都因为同一个原因而失败。在上图展示的版本中，右边的球（介于三点钟到六点钟方向之间）会滚到外侧，由于它们距离转动中心较远，能产生比靠近圆心的球更大的力矩，推动轮盘转动。原本预期右边的球产生的力矩能胜过左边的球，一旦轮盘缓缓开始转动，净力矩就能推动轮盘一直顺时针转动下去。实际状况却是，与右侧产生较大力矩推动轮盘的球相比，总是会有更多的球在左测抵抗轮盘转动，因此它无可避免地愈转愈慢，最后停止。

（b）磁力马达。构想是将中央的磁铁遮蔽起来，使其不受外侧围成一圈的磁铁影响，仅在南极与北极各留一个洞感应外圈磁铁的磁力。中央磁铁上端的南极受到外圈磁铁内侧的北极吸引，下端的北极则被排斥。这两股力会推动中央的磁铁顺时钟不断转动下去。问题出在对于磁场如何运作的误解：事实上，外圈磁铁围起来的内部并没有磁场；对称性使得磁场互相抵消，因此中央的磁铁完全感受不到转动的力。

低别处的熵，前提是别处减少的熵没有超过系统热量转移所增加的熵。一部可以从热物体汲取能量，却不会同时让热能流向低温处的机器，就是试图达成永动目标的装置，例如麦克斯韦妖。

当然有许多装置遵守这两条热力学定律，它们从一些不易察觉的外来能源获取能量，例如大气压力、湿度或海潮等。这些并不是永动机，它们并未违反任何物理定律。读者只需要厘清保持其运作的能源即可。

某些装置乍看之下不需要外接能源即可一直运转下去，例如转动的轮盘或摆动的单摆等装置。实情并非如此。它们只是效率极高，初始能量不至于流失，而初始能量当然是装置开始运转不可或缺的。事实上，它们的运转终将减慢下来，因为没有任何机器可以达到100%的效率，而且不论润滑多么周到，总是有某种形式的阻尼效应存在，例如空气阻力或机件之间的摩擦力等。因此，永动机原则上只在没有能量流失到周遭环境的情况下才可能存在。任何企图将能量汲取出来的尝试，当然都会导致这类装置停止运转。

麦克斯韦妖与量子力学

关于麦克斯韦妖，争辩并未随着西拉德发表研究成果而中止。现今的物理学家一路追踪这个精灵到量子的国度，这个国度里有许多只在原子尺度下运作的古怪规则。在量子力学里，一旦提到单一分子位置与速度的测量，必然会碰到我们能获得多少信息这个基本课题。它被称为海森堡的不确定性原理，又称测不准原理（Heisenberg's Uncertainty Principle），描述我们永远无法同时精确得知一个粒子（或空气分子）的位置及运动速度；测量总会得到有点模糊（fuzzy）的结果。许多物理学家指出，正是因为这种"模糊性"，最终得以保全热力学第二定律。

对于那些仍怀抱永动机之梦者，量子世界似乎成为最后的希望堡垒。许多年来，不断有人建议，或许可以利用一种被称为“真空能”或“零点能”的能量来达成目的。基于物理世界的模糊性，没有任何东西是完全静止的，所有分子、原子或亚原子粒子总会至少带有某个最低限度的能量，即便在冷却到绝对零度的情况下。这就是所谓的“零点能”。甚至连虚无的真空也有相同的现象；根据量子物理学，整个宇宙都充满了这种“真空能”。许多人相信我们可以借由某种方法获取这些能量并加以利用。然而，在这个过程中我们会碰到和左右隔室的空气分子一模一样的问题。真空能是均匀分布的，因此任何企图汲取它用来作功的方法，都会消耗比所得更多的能量。均匀分布的真空能无法被任意汲取，正如非得借助外部助力否则无法在温度相等的两侧隔室之间建立温度差一样。

这种外来的助力可以用信息的形态出现，就像麦克斯韦妖脑海里的知识一样，但是信息的获得仍然需要能量，能量的消耗将导致别处的熵增加。

我们永远无法击败热力学第二定律，这件事一定要记得。

啊，我差点就忘了另一件事：本章开头曾提到，热力学总共有四条定律，但我还没告诉读者剩下两条定律是什么。不用再摒息以待了：热力学第三定律说的是“当一个完美晶体的温度降到绝对零度时，其熵亦降为零”。至于第四条定律唯一有趣的地方是，尽管在前三条定律已建立很久之后才被加进来，但由于它被公认比其他三条定律更基本，因而被称为第零定律，而非第四定律。在这三条定律成立之前，它得先成立才行。第零定律指出，如果两个物体各自同时与第三个物体达成热平衡（thermodynamic equilibrium，也就是温度相等的科学说法），那么两者之间必然也处于热平衡——这没什么好大惊小怪的。这个定律被赋予“零”的代码，只是因为另外三条更重要的定律已经众所皆知，如果将全体代码数字提高，将造成许多混乱与误解。这并不是我们所乐见的，对吧？

第五章

竿与谷仓悖论

THE POLE IN THE BARN PARADOX

一根竿子究竟有多长？这要视它移动得多快而定……

如果读者不是或不曾是物理系学生，可能没听过这一则悖论。它是教科书里帮助学生了解爱因斯坦相对论的其中一个著名范例；这些为数不多的经典范例都是用来凸显这个理论对于时空本质所做的一些不可思议的预测。不过这一则悖论实在太有趣了，只留给物理学家享用十分可惜，我很乐意将它介绍给读者。我得先警告各位，如果读者没有先备物理知识，这个悖论便无法在直接叙述完之后，只运用一点相对论知识就厘清。在本章，我得先为读者建立一些物理学知识，才能完整地铺陈这则悖论，进而破解它。

在本书开头我已经答应读者，会在每章的一开始概述每一则悖论的要点，以便让读者对于即将探讨的问题了然于胸。以下就是本章悖论的概貌——请暂时先放下疑虑，在一头栽进爱因斯坦的世界之后，我一定会满足你的好奇心。

有位撑竿跳选手，握着一支与地面平行的竿，以极快的速度冲刺。为了使下列描述的效应够显著，我们得假设该选手奔跑的速度接近光速！他跑进一间长度跟他手上的竿一样长的谷仓。在起跑前他已经用这支竿丈量过谷仓的长度，知道两者等长。谷仓前后门皆敞开，他一路奔跑穿过谷仓没有减速。假使我们对相对论一无所知，就会认为竿尾会在某一刻正好进入谷仓，同一时刻竿头正要穿出谷仓。

当这位撑竿跳选手以人类正常的速度奔跑时，情况确实如上所述。但他并不是，他以接近光速在奔跑；根据爱因斯坦相对论的预测，各种现象正是在这种速度之下才开始变得怪异而有趣起来。其中一个与本章内容息息相关的现象，就是高速移动物体的长度看起来比静止时来得短。也许有读者认为这个现象完全可以理解；毕竟物体呼啸而过的速度快到让你产生物体变短的错觉，当你测出前端的位置时，尾端已经又往前移动了一些。不不不，不是这样的，如果情况有这么简单就好了。

假使你发射一枚飞弹（发射前测量出来的长度是一米），它沿着固定的皮尺接近光速飞行，在飞行途中对它拍摄一张快照，你将发现它的长度的确少于一米，至于长度缩短多少则依飞行速度而定；愈接近光速，长度缩短愈多。稍后我将更深入探讨这个概念，暂且先让我们回到谷仓里的竿上面。

回顾一下刚才的场景：相对论告诉我们，如果读者站在谷仓里看着撑竿跳选手奔跑穿过谷仓，你将发现竿的长度变得比谷仓短。

竿的尾端在某一刻进入谷仓，而前端稍后才会由另一侧穿出谷仓。有一段短暂的时间整根竿子都在谷仓里。

这个现象虽然诡异，但还不至于构成悖论，因为我们还没运用在相对论里学到的另一个重要概念，也就是这个理论命名的原因——一切运动都是相对的。这个观念远在爱因斯坦之前就已经出现，也没有不合常理之处。设想你坐在一列火车上，另一位乘客在走道上循着火车前进的方向走过你的座位。由于你与这位乘客都在车上随着列车移动，对你来说，他经过你的速度跟他在火车静止时的步行速度一样。而在同一时刻，火车正好通过某个车站，月台上的某位观察者也看见火车上这位沿着车厢走动的旅客。对他来说，这位旅客的移动速度为其步行速度加上火车飞驰的速度。所以问题变成：这位旅客的移动速度为何？是以你为准的“步行速度”？还是以月台上的观察者为准的“步行速度加上火车前进的速度”？

我们自然而然认为，答案依观察者而定。速度并非绝对的物理量，而是依测量者本身的运动状态而定。同样的道理，你也可以说当你坐在火车上，火车本身对你而言是静止的，而车窗外的月台正往相反的方向移动。这种说法好像把上述概念过度延伸了，因为显然火车的确在移动。不过设想状况如下：假使火车以每小时1000英里的速度（我知道这不符合实际状况）由东往西行驶呢？如果你悬浮在太空中，会看到什么景象？你看到的是地球以每小时1000英里的速度往火车行驶的反方向自转，这就是地球每天自转一周的速度。对你而言，火车的速度与地球自转一样快但是反向，因此停在原地不动，犹如看一个人在跑步机上跑步一样。那么，你认为是火车还是地球在移动呢？看出来了吗？一切运动都是相对的。

很好。我假定以上论点已经说服读者。接下来让我们回到竿与谷仓的悖论。在撑竿跳选手的观点里，即便他已经以远超乎现实的速度冲刺，却仍然可以将自己与竿视为静止，并想象谷仓以接近光速在接近他。相对论效应在这里很明显：撑竿跳选手不但看到谷仓在移动，而且长度也缩短了——事实上缩到比他的竿还短了不少。因此他看到的是，当竿尾通过谷仓入口时，前端早已穿出谷仓另一侧。事实上，有一段时间竿的两端都突出于谷仓之外。

于是悖论出现了：对于观察到长度缩短的竿进入谷仓的读者而言，竿比谷仓还短，可想见在某段短暂的时间里谷仓的前后门能够同时关上（使用适当的触发装置的话），将整根竿子关在谷仓里。但对撑竿挑选手而言，竿子的长度超过谷仓，无法关进谷仓里。读者与选手不可能两者都是对的吧？正确答案却是：两位的确都对。

这就是竿与谷仓悖论。在本章剩余的篇幅里，我除了将解开这个悖论的矛盾外，还将说明相对论是怎么把我们逼进这种左右为难的困境里。

为了破解这个特别的悖论，我们将要勇敢探究爱因斯坦相对论的奥秘。借由追随这位大师一世纪之前曾经走过的思路，我们将逐一跨过逻辑推演上的每个阶段，直到抵达目的为止。

我想最好先跟读者全盘坦白。我本来就不打算在本书中借助任何数学算式或学术上的专业图表来教大家基本相对论，原则上我可以直接跳到这个悖论的解答，并祈祷读者相信我对于极高速运动下长度收缩的解释。不过，有可能我也只是在杜撰故事而已。

读者有两个选择：一是假若你（a）已经熟悉相对论；或（b）相信爱因斯坦说了就算数，你可以直接跳到本章末尾我破解这个悖论的段落。二是让我仔细而逐步地引导你经历每一个逻辑步骤。如果你选择后者，长远来看会是值得的，因为除了本章关于长度的讨论外，往后两章的悖论将会牵涉到时间的本质，也需要用到本章所解释的原理。我保证会尽力让整个过程不仅毫无痛苦，甚至还充满乐趣，毕竟狭义相对论是物理学当中最美妙的理论之一。

关于光的本质

到了19世纪末，我们已经知道光的表现像波；与声音类似，但传递速度要快上许多。为了要弄懂本章后续讨论的内容，读者得了解波的两种重要性质。首先，波动需要靠介质来传递，也就是需要某种会来回摆动或振动的媒介物。设想声音是如何传播的：当你向身旁的人说话时，从你口中发出的声波透过空气传送到对方耳里。空气分子在这个过程中产生振动并传递声能。类似的情况还有，海面上的波浪需要有水，以及抖动绳子之后产生的“波凸”需要沿着绳子移动等等。

很显然，没有传递波动的介质，就不会有波。所以我们可以理解为什么19世纪的物理学家相信，被当成电磁波的光也需要某种介质来传播。由于没有人见过这种介质，他们必须设计能够侦测出其存在的实验方法。该介质被称为(导光的)“以太”(luminiferousether),科学界也投入大量心血试图证明它的存在。当然，它必须具有某些特质，例如：为了让遥远的星光能穿过空无一物的太空到达地球，整个银河系必须充满着以太。

1887年，在俄亥俄州的一间独立学院里，阿尔伯特·迈克尔逊与爱德华·莫雷一起进行了科学史上最著名的实验之一。他们设计出一种方法，能够极精确地测出一束光穿越一段特定距离所耗的时间。但是在讲述他们的发现之前，我得先说明波的另一种特性，也就是波传递的速率与波源移动的速率无关。

想象一部正在驶来的汽车所发出的噪音。声波的速度快得多，因此能在车辆抵达之前传送到你耳里，而声波的传播速率只跟振动的空气分子能将波动传递得多快有关。声波并不会因为受到行驶中的汽车“推进”而更快传送到你身上。真正发生的情况是，当车子愈来愈靠近，你与车子之间的波纹被挤压得更密，波长变短，频率变高。这种称为“多普勒效应”(Doppler effect)的现象对我们而言并不陌生，例如从救护车接近再远离的过程中警笛音调的变化，以及赛车在赛道上飞驰而过时引擎怒吼的声调变化都可以察觉出来。尽管声波的音频会随着声源速率不同以及它正在接近或远离我们而改变，然而波本身的传递速度却是固定不变的，传递到我们身上所费的时间也是。

关键在于，从汽车驾驶的观点来看，情况变得截然不同。车辆的引擎声透过空气向四面八方散播的速率都是一样的。因此，声波的相对速率在平行的车辆前进方向就显得比在垂直方向来得慢。这是因为对于汽车驾驶而言，车辆前方声波的前进速度等于声波在空气中的速度减去汽车的行进速度。迈克尔逊与莫雷将这个原理应用到光波上。他们设计了一个绝妙的实验装置，相信它将成为史上第一个侦测到以太并确认其存在的实验。首先他们假设，地球在绕着太阳公转的过程中会穿过弥漫在太空中的以太，速度大约是每小时10万公里。他们在实验室里能够测量两道光束行经两段不同的等距路径所需的时间，并达到不可思议的精确度。其中一条路径沿着地球绕太阳公转的方向，另一条则与之垂直。他们从地面实验室观测这两个方向的光速，就好像汽车驾驶看着向前与侧向的声波以不同的速率传播一样。

迈克尔逊与莫雷认为，假如以太真的存在，地球在其中移动应该不受阻碍，那么沿着两条不同路径前进的光束将会耗费不同的时间走完相同的距离；因为对于移动中的地球而言，光束在两个方向上的传播速度是不同的。尽管光速每秒高达30万公里，大约是地球公转速率的一万倍，他们所设计出来名为干涉仪的装置，却能借由这两道光束返回之后叠加产生的干涉现象，灵敏地量出光束行经两条不同路径所产生的时间差。

但是，他们并没有侦测到任何一丁点这种预期中的时间差。

他们的实验得出科学上所谓的“零结果”，相同的结果在日后一再地被更加精确的激光束实验所证实。全世界的物理学家简直无法理解这个结果，他们相信迈克尔逊与莫雷的实验一定是哪里出了差错。这两道不同方向的光束怎么可能速度相同?“一切运动都是相对的”这个原则究竟出了什么问题?

我晓得这整件事听起来有点令人困惑，让我尽可能把它说清楚。还记得火车上的乘客沿着走道走动的例子吗?迈克尔逊—莫雷实验结果就好像，火车座位上的你与月台上的观察者看到那位旅客的移动速度相同!这听起来荒谬至极，不是吗?正如我先前解释的，你应该看到乘客以正常的行走速度移动，而月台上的观察者看到他的速度比火车还要再快上一点、呼啸而过才对。

在迈克尔逊与莫雷得出令人困扰的实验结果的前8年，爱因斯坦诞生于德国乌尔姆。在同一年，也就是1879年，在华盛顿的美国海军天文台任职的迈克尔逊对光速进行测量，其结果达到万分之一的精确度。他并不是第一个进行这类测量的人，当然也不会是最后一个，不过这个经验却有利于往后他和莫雷一起进行的著名实验。年轻的爱因斯坦对于迈克尔逊与莫雷举世震惊的实验结果毫无所悉，但不久之后他却靠着构思各种臆想实验，开始独力思索关于光的各种不寻常性质。他问自己，如果以光速飞行时，同时拿着一面镜子放在面前照自己，是否还能看到镜中反射出自己的影像?如果镜子本身就以光速前进，从脸上发出的光怎么会到达镜面?他多年来的思索终于在1905年发表狭义相对论时开花结果，当时爱因斯坦才二十来岁。我们突然间能用一种美妙的方式来理解迈克尔逊与莫雷的实验结果了。

图5.1 爱因斯坦早年的研究

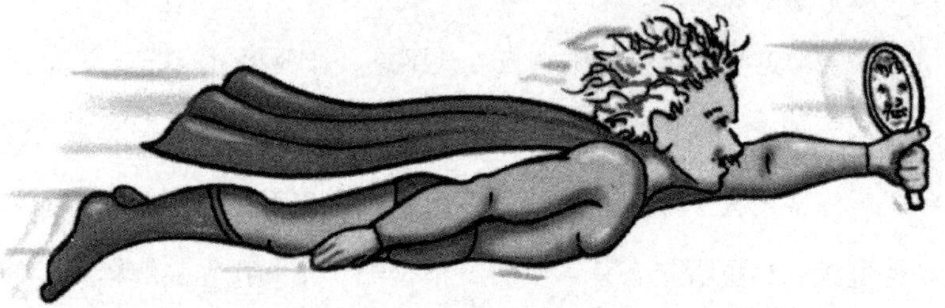

以光速飞行的爱因斯坦，是否还能在镜中看见自己的反射影像?

直到爱因斯坦的理论发表前，物理学家们不是拒绝相信迈克尔逊与莫雷的实验结果，就是试图修正物理定律以便与实验结果兼容，不过却未能成功。他们试图将光解释成一道粒子流，这种模型便能够解释实验结果；但这个实验却是针对光的波动本质而设计，运用两道光束的波叠加在一起的干涉图案来测出它们到达侦测器的精确时间。无论如何，如果光是由粒子组成，就没有以太存在的必要，因为粒子的传递并不需要介质。

这一切都在1905年改观。爱因斯坦的整个理论奠基于两个构想之上，称为相对论的两大基本假设。第一个假设来自昔日的物理知识，仅仅指出一切运动都是相对的，没有任何物体可以被视为处在真正的静止状态。这表示我们无法透过任何实验得知自己是否真的静止不动或是正在动。第二个假设乍看之下无关紧要，却是一个革命性的假设。爱因斯坦指出，光的确有波动性，因此光速与光源的移动速度无关（正如行驶中的汽车所发出的声波一样）。然而与声音不同之处在于，它不需要透过介质便可传递。以太并不存在，而光波可以穿过完全空无一物的太空。

到目前为止看来还没出现任何矛盾。你也许会认为，这些没什么杀伤力的假设并没有令人难以接受之处。它们看起来实在不像是会带来革命性时空观点的论述，但它们确实是。每一个假设单独来看都没有什么威力，但是当它们结合起来之后，便展现出爱因斯坦想法的精深之处。

我们来重点回顾一下。不论光源以何种速度运动，发出的光会以相同的速率传递到我们这里。这个现象跟其他种类的波相同，例如声波，没什么问题。我们知道观察者只要测出自己相对于介质的运动速度，便可得知相对波速。然而，光的传播不需要透过介质，如此一来宇宙中就没有人具有特殊地位，不论我们处于何种运动状态，都应该要测得相同的光速（每小时10亿公里）。这一点正是一切诡异情况的开端，我将会说明它的意涵。设想两具火箭在太空中朝对方高速前进。如果它们的引擎都处于关闭状态，只是以固定速度"巡航"的话，那么这两具火箭上的人都无法确定，究竟是两者同时朝向对方移动，或是其中一具火箭处于静止，另一具火箭向对方接近。事实上，根本就没有所谓的"运动"或"静止"，因为运动必定是相对于其他参考物体的状态。参考邻近的恒星或行星都不是好办法，谁知道它们究竟是不是静止呢？

接着，其中一具火箭上的航天员朝另一具火箭发射一道光束，并且测量光束发射出去之后的速度。由于他可以合理宣称自己处于静止状态，是另一具火箭在移动，他应该会看到光束以寻常每小时10亿公里的速度发射出去。同一时刻，另外一具火箭上的航天员也可以合理宣称自己处于静止。他也测出光束接近的速度是每小时10亿公里，并且表示这没什么奇怪的，因为光速与光源接近的速度无关。这正是我们所发现的情形。矛盾的是，这两位航天员测得的光速是相同的。

这实在非常神奇，而且有违常理。尽管两位航天员几乎以光速朝对方运动，他们对同一道光所测得的光速竟然相同！

在进入下一个主题之前，我们已经可以回答爱因斯坦关于镜子的问题了。不论他飞得多快，他都能在镜中看见反射的影像。这是由于他不论在何种速度下，看到光从脸上发出到镜子再反射回来的速度，都与静止时所见的光速相同。毕竟到头来，谁会来判定他飞得有多快？一切运动都是相对的，记得吗？这一切是需要付出代价的，我们需要修正对于时空本质的认知。只有当相对速度各异的观察者对于距离与时间的测量结果都不相同时，对于所有观察者而言，光速才有可能一致。

缩短的长度

在读者开始反驳这个“理论”到头来只是错误臆测之前，我得强调，它已经受到百年以上的研究与检测，而且相对论效应一再出现。我甚至可以担保这个理论的正确性，因为跟许多物理系学生一样，我大学时也曾在实验室中进行过关于“μ子”(muon，念法如“缪子”）的亚原子粒子实验，这种粒子是由宇宙射线（来自太空、不断冲击地球外大气层的高能粒子）产生的。μ子在宇宙射线撞击空气分子的过程中诞生，并且向地表倾泻而下。我在学生时期所进行的实验，是以某种特制的侦测器捕捉这些粒子并计算其数目。我们已知μ子在衰变之前的寿命只有微不足道的短暂瞬间，这是其他实验仔细测量出来的结果。一般而言，μ子的生命期只有二微秒左右，有些较长，有些稍短。

μ子充满能量，冲向地球的速度大约达到光速的99%。即便在这么高的速度下，它们也需要耗费寿命好几倍的时间才能抵达地表，这点可以透过它们的速度和路径距离约略估算出来。照理说，我们应该只能侦测到那些特别长寿、可以抵达地面的极少数μ子才对。但我们却发现几乎所有诞生的μ子都能轻易抵达地表，并且在消失之前触发侦测器。一个可能的解释是，或许基于某种原因，高速的μ子存活得比静止的μ子来得久。不过，爱因斯坦会说这个解释不对，因为一切运动都是相对的，只有相对于地表的我们，一颗运动中的μ子才在“运动”。

精彩之处终于来了。设想μ子会看到什么样的情景。如果它会说话，它将告诉你它的确以99%的光速在前进——应该说，地面以99%的光速向它迎面而来，而它似乎有足够的时间走完这段旅程。事实上，从它的观点来看，到达地面所耗费的时间比它的生命周期还短上许多。这只可能意味着一件事：对μ子而言，时间流逝的速度必定比对地面上的我们来得慢。确实如此，不过我打算将更多关于时间变慢的细节留待下一章讨论。对现阶段的我们来说，还有一道逻辑上的障碍要跨越。设想以下情况：首先，你与μ子都认同它前进的速度（更精确的说法是，彼此接近的速度）；其次，μ子说它在旅程中所费的时间比你预期的还要短。为了使两边的见解一致，这显然也意味着它的旅程变短了。也就是说，如果它以双方都认同的速度前进，而μ子却能以更短的时间走完整个旅程，那么它所见的距离就一定比你所见的还要短。

这种高速前进之下出现的性质称之为“长度收缩”。这个性质指的是，正如一个物体在高速移动时的长度变得比静止状态短，对高速移动的物体而言，要走的距离看起来也缩短了。

星际之旅

在回到竿与谷仓的悖论之前，关于这个理论有个有趣的结果值得探讨。第三章介绍奥伯斯佯谬时，我曾提到最靠近我们的恒星邻居远在数光年之外。即便我们以光速旅行，也要花上数年的时间才能到达该处。这个想法相当令人泄气，它意味着我们困在太阳系中，最多只能造访其他绕太阳运行的行星；要踏上更遥远的旅途耗时实在太久了。至于造访更远的恒星，甚至极为遥远的新星系，似乎不可能实现，毕竟连光都要费时几十亿年才能到达。

那么假如我告诉你，即便在光速的速限以内，仍然有可能在一眨眼的时间里航行到宇宙的另一头呢？这是科幻小说吗？非也。唯一妨碍我们这么做的是，我们没有可以接近光速航行的火箭，而且未来可能也不会有。不过暂且先假定我们有这种火箭好了。这个原理跟μ子的例子一模一样。μ子观点中的地表距离比起地面上的我们所见缩短许多，对于以接近光速朝向远方恒星航行的宇宙飞船乘客而言，他所见的必经之路也压缩变短了。

想象一根坚固的杆子有几千光年这么长，两端连接地球与目的地恒星。宇宙飞船上的人可以说，一切运动都是相对的，所以并不是宇宙飞船以接近光速航行，而是这根杆子以相同的速率但反向移动。

在他们的观点中，他们是静止的，杆子则高速向后移动，因此他们会发现杆子的长度缩短了，杆子通过他们的时间也跟着变短，于是前往目的地所花的时间就减少了。

相对论告诉我们，当你愈接近光速，长度就缩短愈多。举例而言，在一位相对于起点以0.99倍光速航行的星际旅人眼里，100光年的距离会缩短成14光年。由0.9999倍光速航行的旅人看来，同样的距离却缩短到只剩1光年（旅程时间只要一年，因为宇宙飞船几乎是以光速前进）。如果宇宙飞船能够更进一步逼近光速，比如0.999999999倍光速，那么100光年的距离只要在两天之内就可以完成了。

请注意这里我们并未违反任何物理定律。当你的航行速度愈接近光速，抵达目的所需的时间就愈短。我希望读者已经明了这并不是由于航行速度变快（毕竟就数值而言，0.999999999倍光速并没有比0.9999倍光速快上多少），而是因为当你愈接近光速，所见的距离就会愈短；而当距离缩得愈短，旅途所耗费的时间也就愈少。那么，这个效应需要付出任何代价吗？对于宇宙飞船上的读者而言，完成这段

"缩水的"旅程仅需花费较少的时间，而且旅程也较早结束。假使只要花两天时间就可以航行100光年的距离，你抵达目的地时就只比出发时老了两天。但是请记得，跟地球上的时间相比，你所经历的时间看起来变慢许多。对于地球上的其他人而言，你以接近光速的速率航行100光年的距离，所以需要100年的时间才能完成这段旅程（或者稍久一点，因为你前进的速度略低于光速）。你经历的两"宇宙飞船日"等同于100"地球年"。更糟的是，如果你抵达之后发送一道光信号回地球报平安，需要再多耗时100年才能将讯息送达。你发出的第一个平安抵达讯息在出发后200年才会到达地球。

我们在此学到的一课是，读者可以在不超过光速的前提下，以任意快的速度在任意短的时间内跨越整个宇宙。但别以为你回到地球之后，还找得到任何健在的家人或朋友。

这个讨论有趣而令人困惑的尾声，就是设想太空中传播的光会看到什么。事实上，我们在这个问题上需要运用相对论的意涵推演出逻辑上的结论：当读者乘着光遨游宇宙，不论你的航程有多远，即便是横跨整个宇宙，距离都会缩短成零。这完全不会构成问题，因为在此情况下时间也停止不动，也就是移动零距离并不需要耗费任何时间。这是没有任何物体可以达到光速的另一个原因：光想到就觉得实在太疯狂了。不过光却可以轻易达成，只是没有任何一道光可以告诉我们那是什么感觉。

我们将在下一章进一步探讨这个概念。现阶段在以上这个短暂的插曲之后，我们即将回到竿与谷仓的悖论——不只要解开它的矛盾，还要来了解它为什么会构成悖论。

再论竿与谷仓

我们先回顾一下问题本身。现在我们已经“上道”，了解相对论关于接近光速运动时长度收缩的预测。请记得你站在谷仓里，看着撑竿跳选手高速朝你跑来。你知道竿在静止状态下与谷仓等长。不过由于它正相对于你进行高速运动，因此长度会变短，整根竿可以轻易进入谷仓中。事实上，如果你的动作够快，可以在某一段极短的时间内把谷仓的前门与后门同时关上，将竿完全关在谷仓内。

我们也要从选手的观点来看整个过程。在他眼里竿是不动的（相对于他不移动），而是谷仓在高速向他接近。因此他所看到的，是一个视觉上压缩变短的谷仓朝他高速冲来。在他奔跑穿过谷仓的过程中，竿尾通过谷仓入口之前，竿头就已经穿出后门之外。

因此谷仓的前后门不可能同时关上，竿太长了谷仓装不下。这究竟只是视觉上的假象，还是真实的物理效应呢？你与撑竿跳选手终究不可能都是对的；谷仓的前后门只能同时关上，或不能同时关上。

正如我在本章开头所说的，悖论在于你与选手两者都对。基于“高速移动的物体长度会缩短”与“一切运动都是相对的”这两大现象，相对论告诉我们它必然会发生。

解答的关键在于我们怎么定义“同时发生事件”。我说过，站在谷仓中的你可以同时关闭谷仓两道门，把竿关在里面。当然，一眨眼之后你得迅速打开后门，免得竿子撞上它。不过这无关紧要；重

图5.2 竿与谷仓悖论

（a）当竿与谷仓之间没有相对运动时，两者长度相等。

（b）对于谷仓中的观察者而言，高速移动的竿长度变短，因此可以完全进入谷仓里。

（c）对于选手而言，压缩变短的是谷仓，因此谷仓无法完全容纳竿子。

点在于前后两道门在一段很短的期间内是同时关闭的。然而根据选手的说词，事件是这样发生的：他进入谷仓之后，在竿头到达后门之前，他看到后门先短暂关上。一会之后，门再度开启以便让竿毫无阻碍地通过。又过了一会，等到竿尾进入谷仓之后，前门才关上。所以没错，当他停下来跟你核对各自的记录时，他的确说两道门都曾经关上，但不是同时——设想他看到的谷仓变短了，前后门要同时关上自然是不可能的。

彼此进行相对运动的不同观察者，看到事件发生的顺序也有所不同，这是爱因斯坦相对论带来的另一个结果。像我们碰到的其他怪异现象一样，这并不只是理论上的预测而已，这种现象确实发生。不过，就像时间变慢与长度收缩，它并不是我们在日常生活中遭遇得到的。理由很简单：我们不会以接近光速四处走动。对大多数人来说，移动最快就是在飞机上的时候。喷气式飞机的巡航速度略低于每小时1000公里，这只是光速的百万分之一而已。当我们移动得这么慢时，很难察觉上述各种“相对论效应”。

我隐约嗅到一股怀疑的味道——说实话，读者未能毫无保留地接受关于相对论的一切，让我感到很受伤（也有可能我所说的伤到你，其实你对我的解说颇为满意）。不论如何，让我来挑战一下自己，把原本的问题弄得再复杂些。记得前面提过，当竿与谷仓之间没有相对运动时，两者是等长的。如果长度收缩这个相对论效应不存在，原则上谷仓在某一瞬间还是能够完全容纳移动中的竿。但如果竿变成谷仓的两倍长呢？上述相对论的论点依然适用，对吧？待在谷仓里的你会看到移动中的竿长度缩短，如果速度够快，竿长依然可以缩短到被关进谷仓里。在此之前，读者如果无法领略“长度收缩绝非视觉假象”的论点，相信在这里就会了。竿的长度不只是看起来变短而已——在你的世界里，它是真的变短了，因此你可以同时将前后门关上。然而，如果长度的收缩是真实的，是否意味着竿的组成原子被压缩得更紧了呢？更重要的是，这位撑竿跳选手也无法幸免会受到压缩，你会看到他奔跑时变扁了。难道他不会感到不适吗？答案是不会，他根本不觉得有什么不同（除了有点上气不接下气之外，毕竟跑这么快），更何况在他眼里，变扁的是站在被压缩谷仓里的你，因为是你与谷仓朝向他高速移动。

如果他并未感觉被挤压，而且还看到手上的竿与起跑之前一样长，那么，你所见到竿长度变短想当然而不过是一种假象罢了。

我们来测试一下吧。假使谷仓后面没有门，而是一道坚固的砖墙会怎样呢？在此不需要担心选手的安危；如果你接受选手能跑出接近光速的速度，你应该也可以接受他能在撞墙之前安然煞住。

我们将再度以两个不同的观点来观察事件的进展。对你而言，缩短的竿一旦完全进入谷仓，在竿头碰到砖墙之前，依旧能将前门关上。

但在选手的参考坐标系里，竿头甚至在竿尾进入谷仓之前就已经撞上墙壁了。假设竿与墙都坚固到足以承受撞击并且完整幸存下来，在前门终将关上的情况下，竿尾究竟如何才能进入谷仓里？跟改变事件的发生顺序相比，我们现在面对的似乎是一个更严重的问题。在选手看来，“前门在竿尾进入谷仓之后关上”这个事件根本不会发生。毫无疑问地，我们终于想出一个真正的悖论，将爱因斯坦和他的理论逼到墙角。错。这里有个完全可靠且正确的解释。在选手的坐标系里，竿头确实碰到了墙，竿尾却对这个事件浑然不觉，因为根据相对论，没有任何物体算得上是真正的刚体。记得我之前说过，没有任何东西的速度可以超过光速，因此竿尾无法及时接收竿头已经倏然停止的讯息（亦即沿着竿身传递的某种冲击波）并停止以其原本的速度前进。基本上，竿尾并不知道竿头已经瞬间停了下来，它依然以原有的高速前进，当竿头停住的讯息送达时，竿尾已经进入谷仓内，因此前门就可以关上了。

要注意的是，我们必须做好准备快速地将门再度打开，因为竿并无法关住太久。当选手在谷仓里倏然停止之后，你与他都会看到周遭物体开始变回真正的长度——我的意思是指物体不再处于运动状态下的长度，相对论称为其“固有长度”。记得我说过，在这个例子里竿的长度是谷仓的两倍。如今选手的看法将会与你一致，一旦竿的每个部位都停下来之后（别忘了，真正的刚体是不可能的），它们会膨胀回到固有长度。由于竿头被砖墙挡住而无法继续移动，我们看到的是竿尾穿过已开启的前门快速膨胀回原长，直到竿的后半截完全突出于谷仓之外。

最后有个我不打算深谈，但值得一提的细微之处。在上述的讨论里，我说过你与选手会看到竿在不同时间经历不同的事件。不过，光是看到竿头或是竿尾都需要花上一点时间，也就是光线从竿头或竿尾发出，到达你或选手眼里所需的时间。由于竿本身就几乎以光速前进，将这些光的传输时间纳入考虑变得很重要。我打算在此将进一步的细节省略。就原来的问题而言，只要知道竿子长度会依照它移动速度而缩短就够了。读者可以进一步说服自己，下一章我们即将挑战的时间悖论，同样也奠基于本章所探讨的原理上。

第六章

孪生子悖论

THE PARADOX OF THE TWINS

借由高速运动，我们可以跨入未来

本章将继续探讨同一主题，也就是爱因斯坦相对论的预测所引发的悖论。与前一章不同的是，我们将在此深入探究与时间本质有关、令人费解却引人入胜的概念，以及我们接近光速旅行时会受到什么影响。

本章悖论的故事情节犹如科幻小说，却符合每位物理系学生所学的主流科学概念。这些情节常被用来凸显相对论的意涵，即便目前的科学技术还无法达成。首先登场的是一艘几乎可以达到光速的宇宙飞船——虽然我们目前不可能建造出这种宇宙飞船，在原则上却完全可接受。而且由于宇宙飞船并未超过光速，我们不需要引用科幻小说中常见、未经证实的构想，例如《星舰奇航记》（即《星际迷航》）中的曲速引擎，或取道高维度超空间中的快捷方式等。

接下来介绍我们的英雄人物出场，也就是设计这艘宇宙飞船的孪生兄妹鲍伯与爱丽斯。鲍伯留在地面上，爱丽斯负责驾驶宇宙飞船从地球出发，进行为时1年的星际往返旅行。回到地球的那一刻，她在生理上老了1岁，也感受到1年过去了，而且宇宙飞船上的所有时钟与计时装置都显示她离开地球正好满1年。

另一方面，鲍伯持续监控她的整个旅程，并且目睹了接近光速航行时，爱因斯坦相对论预测会出现的其中一个诡异现象：鲍伯看见宇宙飞船上的时间进行得比地球慢。如果他透过摄影机观察宇宙飞船内，就会看见一切以慢动作进行：诸如宇宙飞船上的时钟走得更缓慢，爱丽斯走动与说话的速度变迟缓等等。因此，对于宇宙飞船上爱丽斯而言1年的旅程，在鲍伯看来可能会历时长达10年。事实上，爱丽斯回到地球后发现她的孪生哥哥老了10岁之多，尽管她自己的生理年龄只老了1岁。

这件事本身还不足以构成本章标题的“悖论”。虽然上述现象听来诡异，但却完全符合爱因斯坦的相对论。上述老化的年岁差别只是我随便举的例子，完全按照爱丽斯航行的速度而定。举例而言，假使爱丽斯更加接近光速，随便一个人都可以透过直接了当的计算（以及关于相对论的一点点知识）得出宇宙飞船上的1年相当于地球上的100万年；换句话说，爱丽斯历时1天的星际旅行相当与地球上好几千年。不过，且让我们的讨论局限在宇宙飞船速度产生1年/10年时间差的情形，至少让爱丽斯返回地球时哥哥还在世。这个悖论的成因在于相对运动带来看似矛盾的结果。就这一点来看，这里的故事有点类似前一章的竿与谷仓悖论；不过，牵涉到时间本质的问题处理起来总是比距离更加棘手。注意到了吗？我们贸然选定恣意的参考坐标系，连带也决定时间该在一个坐标系里变慢，在另一个不会。我们在前一章已经邂逅相对论两大基本假设当中的第一个：一切运动都是相对的。我们来检验一下这个例子是否也适用。爱丽斯当然可以宣称，并非她的宇宙飞船正以近乎光速远离地球，而是地球正往反方向远离宇宙飞船而去。那么，究竟哪种才是真正的运动呢？难道爱丽斯不能说，在这1年的旅程中她一直都是静止的，是地球在移动，先是逐渐远离，之后再逐渐接近？透过摄影画面，她发现地球上逐渐远去的时钟，指针移动的速度比宇宙飞船上的钟慢，这个现象足以佐证爱丽斯所见的。在她返回地球后，老化程度较轻的人应该是鲍伯才对，因为在她出远门旅行的这1年里，地球上只经历了十分之一（一个月多一点点）的时间而已。以上就是本章的悖论。

相对运动所造成的这种对称性，多年来引起许多困扰。事实上，许多已发表的科学论文号称能够证明这个悖论否定了爱因斯坦的相对论，以及时间在某个参考坐标系里进行得比另一个坐标还慢的推论。也就是说，鲍伯与爱丽斯所见到的不过是某种视觉上的假象，时间其实根本没变慢。基于这两个参考坐标系之间所展现的对称性，乍看之下地球与宇宙飞船所经历的时间应该没有差别，因此当爱丽斯返回地球时，她与鲍伯的年纪依然相同。这意味着两个人的结论都错了？当然不可能两个人都对吧。

信不信由你，正确的答案是：鲍伯是对的。爱丽斯返回地球之后，确实比他年轻了些。问题在于，这个结果怎么过得了相对运动这一关？为什么看似完全对称的物理图像竟然错了？

为了破解这个悖论，我得说服读者们，在接近光速的情况下时间确实会慢下来，正如物体接近光速时长度会改变一样。首先，我们要仔细思考时间的本质。这也会帮助我们在下一章遇到时光旅行造成的悖论时，能够更快进入状况。

时间是什么

平心而论，至今仍然没有人能在根本层次上了解时间是什么。

现今描述时间的最佳理论出自于爱因斯坦的广义相对论，我在关于奥伯斯佯谬的章节中介绍过。当我们企图用手上最强大的理论来回答形而上的深刻问题时，却暴露出它的不及之处。这些问题包括："时间是否真的在进行，抑或只是幻觉？""时间的进行是否依照某个绝对速率，甚至朝向某个确定的方向？""时间由过去朝向未来进行"、"时间以每秒经历1秒的速率消逝"之类的论述，显然对解决问题没有什么帮助。

在牛顿于三百多年前完成运动定律的巨著《数学原理》（*Principia Mathematica*）之前，时间归属于哲学的范畴，而非科学。牛顿阐明物体在外力作用之下如何运动；运动状态改变的定义牵涉到时间的概念，因此非得将时间纳入这个描述自然定律的数学架构中。牛顿时间（Newtonian time）是绝对的，放诸各坐标系而皆准。一般认为时间以固定不变的速率前进，不论我们对时间流逝的（主观）感受为何；宇宙当中彷佛存在一个虚拟的时钟，已经设定好每秒、每小时、每天、甚至每年有多长，我们完全无法改变它。这个想法听起来相当合理，但已经被现代物理学彻底否定了。

爱因斯坦在1905年公布了他的发现，提出时间与空间奥妙地交织在一起，彼此相互关联。他所提出的相对论在物理学界引起一场革命。他的理论显示，时间不再是绝对而独立于观察者的物理量。反之，依观察者移动速度快慢，它可以延长，也可以缩短。

在此我得厘清一件事，这种时间推移快慢的变化，与我们的主观感受无关。当然，作为茶余饭后的闲聊话题，我们对于以下状况十分熟悉：欢乐派对所带来的美好夜晚总是咻一下就过去了，反之，枯燥乏味的演讲却让我们感到度日如年。大家都知道，在这两种状况下，时间并没有真的加快或变慢。另一个类似的情况是，随着年岁渐长，我们往往觉得时间愈过愈快。但是我们也知道，这并非因为时间真的变快，而是因为度过的每一年都成为生命中比例愈来愈小的片段。试着回想在你的孩提时期，下个生日距离这个生日有多么遥远，你就能明白了。即便有了这些生活经验，我们依然深信，某种绝对的牛顿时间确实无所不在，并且速度保持一致，不论身在宇宙何处。

早在爱因斯坦之前，就已经有某些科学家和哲学家不认同外在的、绝对的时间观点，也有许多人辩论过时间流动的速率及方向等议题。某些哲学家认为，时间本身是一种幻觉。以下这一则迷你悖论颇有芝诺悖论的味道：

相信你一定同意，时间可以区分成三个阶段：过去、现在与未来。即使我们拥有关于过去的纪录，也记得曾经发生过的事，“过去”其实已经不复存在了。另一方面，“未来”则尚未发生，所以也可以当作不存在。至于剩下的“现在”，由于被定义为“过去”与“未来”的分界，它是确切存在的。虽然我们“感受”到“现在”是一个与时推移而不断变换的时刻，并且不断使未来变成过去，但它仍只是某个瞬间罢了，而非一段持续的期间。因此，持续推移变换的“现在”，仅仅作为过去与未来之间的分界线，我们也不能将它当成一种实质存在的状态。假如时间的三个阶段都不存在，那么时间本身就是一种幻觉！

相信读者跟我一样，对于上述机巧的哲学思辩持保留态度。

回到我们的主题上——比较难以证实的是时间的确在“流动”这个概念。对我们而言，要否认这种确实发生的感觉无疑相当困难，但不论这种感觉有多强烈，在科学上是站不住脚的。在日常生活用语中，我们会说“时光流逝”、“时候未到”、“那一刻已成过往”等等。如果读者思考一下就会发现，根据定义，各种运动与变化量都是根据不同时间点来判定。这就是我们定义变化量的方式。当我们想描述某个程序的进行速率时，我们不是去算每单位时间内事件发生的次数（例如每分钟的心搏数），就是去算每单位时间内的变化量（例如婴儿每个月增加多少体重）。然而，要测量时间本身的变化率就变得毫无意义，因为我们无法以时间为基准来衡量时间的变化。

为了澄清这一点，我想请教各位读者以下的问题：假如时间突然变快，我们要怎么知道？由于我们的存在无法自外于时间，以一个变快的标准时钟（类似我们体内的生物时钟）来测量变快的时间间隔，我们永远无法察觉时间加快了。探讨时间流的唯一可行之道，就是采用某种外部的、更基本的“时间”来度量它。

如果这样的外部时间真的存在，可用以测量“我们的时间”的流速，这么一来只是将原来的问题推向更根本的层次，而不是解决它。如果时间在本质上会流动，为什么外部时间不会呢？结果我们还需要一个更基本的时间尺度，来度量外部时间的流速。这个问题可以一直延伸下去，没完没了。

我们无法探讨时间的流速并不表示时间完全不流动。也有可能时间本身是静止不动的，而我们（的意识）沿着它移动——是我们朝向未来移动，而非未来朝向我们靠近。当你从行驶中的火车窗户往外看，看到高速掠过的田野时，你“知道”它们是静止的，移动的是火车。类似的情况在于，我们强烈的主观印象认为，此时此刻（我们称之为“现在”）与未来某事件（例如下一个圣诞节）正在彼此接近。两个时刻之间的时间间隔不断缩短。不论我们说下个圣诞节正在向我们靠近，或者说我们正在往下个圣诞节靠近，指的都是同一件事：我们感受到某种变化。大家都同意这种观点吗？恐怕不是。许多物理学家辩称，就连这种观点也是不正确的。

虽然听起来很奇怪，但物理定律并未触及任何跟时间流有关的议题。这些定律告诉我们，原子、时钟乃至于火箭的任何物体受到外力作用下任一时刻的行为；它们也提供计算一个物体在未来某一刻的行为或状态的准则。然而，这些物理定律完全不带有任何关于时间流的蛛丝马迹。物理学里完全没有时间消逝或推移这样的概念。我们发现，时间就这么存在着，跟空间一样。它就在那里。或许我们觉得时间在流动仅仅是一种感觉罢了，不论它有多么真实。

到目前为止，对于我们为什么会强烈感受到时间的流逝与不断变换的当下，科学还无法提供一个令人满意的解释。有些物理学家与哲学家甚至认为，物理定律一定遗漏了某些东西。他们也许是对的。

好了，我想我们已经谈论了够多的哲学。接着回头来看，根据狭义相对论，时间前进的速率为什么会改变以及如何改变；如果不搞定这个问题，我们就无法破解孪生子悖论。

让时间变慢

让我们从爱因斯坦的观点来探讨时间的本质。在前一章里，我描述过彼此以极高速进行相对运动的两位观察者对同一物体会测得不同长度。以下的方法让你一眼就看出时间的测量也会受到影响。

读者对于课堂上学过的一条公式都相当熟悉，也就是速度等于距离除以时间。我们都知道，所有观察者看到的光速都相同，无论他们之间相对速度为何。如果他们对于同一距离的测量结果不同（如同竿与谷仓范例中的结果），那么对时间的测量结果必然也各异，如此一来，他们把各自测得的距离除以时间才会得出相同的正确光速。因此，如果其中一位观察者测得两点之间的距离为10亿公里，并且测出光走完这段距离的时间为一小时；另一位观察者测得相同两点之间的距离则为20亿公里（记得前一章的结果显示，没有任两位进行相对运动的观察者会量得相同的长度），他测得光从一点走到另外一点的时间也会变成两倍，如此一来他才会得到相同的光速。就数据而言，第一位观察者宣称光以每小时10亿公里的速度前进；第二位观察者则观测到光费时两小时传递20亿公里，也就是每小时10亿公里——与第一位观察者的结论相同。

如果要求任何人都测得相同的光速，就会迫使我们接受以下的概念：两个事件（上例中是光踏上两点间旅程的开始与结束）之间的时间间隔对于不同观察者而言是不同的——在我看来的一小时，可能是你眼中的两小时。有鉴于我们都对于理解不同的时间流逝率有障碍，我想再举一个例子来说服读者。想象你打开手电筒，朝向天空照射出一束光，而我则搭乘火箭沿着光束方向，以四分之三光速飞离地球。你测量的结果显示，光束以其从手电筒射出时的四分之一光速（每小时10亿公里）离我而去，跟快车超越慢车时相对速度等于两车速度差一样。当我从火箭的窗户往外看，逻辑上你觉得我会看到什么呢？合乎常理的明显答案是，我会看到光束以发出的四分之一光速超越我而去。然而，由于爱因斯坦坚持所有观察者测量到的光都应该以相同的速度传递，我所见的光束其实是以每小时10亿公里的速度超越我而去，与你见到它从手电筒发出的速度一样。这正是相对论所预见的结果，过去一世纪以来也已经在实验室中被验证达数千次。

但是这意味着什么呢？

（请注意：讨论光速的测量时我用了“看”这个字。不过，我们如果要看见某物，从它发出的光当然必须到达我们眼里。这个过程需要时间。因此，当我们说“看见一道光”时，究竟意所何指？是指从光发出的光吗？“看”这个字在此被我用来描述某种“测量”；以脉冲光为例，指的是记录它触发其路径上测量装置的精确时间。）

当我沿着光束的方向，以你在地球上所见光速的四分之三前进时，怎么会看到光依然以它从手电筒发出的速度超越我而去呢？造成这个结果的唯一可能，就是我的时间过得比你的时间慢。假设我们的时钟完全相同，你会看见我的钟指针移动得比你的钟慢。不仅如此，火箭上的一切都变慢了，甚至连我的动作都变慢了；与你通讯时，你会听到我说话速度变慢，声调也变低沉。但我自身并未感受到任何改变，也完全不会察觉时间变慢。

修过爱因斯坦相对论课程的学生会学到如何按火箭的速度来精确计算时间变慢了多少。事实上，若火箭相对于某观察者以他所见的光速四分之三飞行，火箭上时间的运行将会比该观察者的钟慢一半。也就是说，当观察者看到火箭上的钟过完一分钟，他自己的钟已经过了90秒。你可能会认为这种现象只有理论探讨上的乐趣，因为我们根本没有能够达到这种速度的火箭。不过，即便速度慢上许多，例如阿波罗登月任务宇宙飞船的飞行速度（约每小时4万公里），时间效应还是存在的。航行中的钟与地面上的任务控制时钟每秒的误差约为几纳秒（nanosecond），这个差距虽然微不足道，但确实可以测量出来。稍后我们将会回到这个例子上。

我们来看这种效应在另一个真实案例如何扮演重要角色（稍后还有别的例子）。高速前进下时间变慢的现象称为“时间膨胀”，这个现象已成为物理实验必须纳入例行性考虑的要素，特别是牵涉到亚原子粒子在“原子对撞机”里加速的实验，例如位于日内瓦、欧洲核子研究机构（CERN）的大型强子对撞机（Large Hadron Collider，简称LHC）。那里的粒子可以加速到极接近光速的程度，如果未能考虑这种“相对论性效应”，实验结果就不具任何意义。

我们从爱因斯坦狭义相对论学到的是，光速恒定表示高速运动下时间会过得比较慢。走笔至此，我必须提出另一个关于时间的爆炸性事实。我们在第三章曾经提到，爱因斯坦其实发表过两个版本的相对论：1905年的狭义相对论与1915年的广义相对论。在后者的理论中，他修正了牛顿关于重力本质的想法，从更基本的角度出发，改以质量对于周遭时空结构产生的效应来描述重力。

爱因斯坦的广义相对论提供了另外一种使时间变慢的方法，也就是重力。

比起不受恒星或行星重力影响的宇宙空无之处，地球本身的重力使地面上的时间过得更慢。由于所有物体都带有质量，每个物体都位于自身所产生的重力场中。当一个物体质量愈大，其重力对于周遭物体产生的吸引力就愈大，而根据爱因斯坦的理论，对时间的影响也愈大。如果将这个理论应用到地球上的时间，会得到一个引人入胜的结果：我们所处的海拔愈高，地球的重力强度就愈小，时间也会过得愈快。但实际上，这个效应非常微小；若要完全脱离地球的重力场，我们得深入距离地球相当遥远的太空才行。即便在距离地表400公里的高度，也就是人造卫星轨道处，重力的强度依然高达地表的90%。（请注意，人造卫星之所以能够一直绕地球运转而不会坠落地面，正是因为它们位在轨道上——它们一直绕着地球进行自由落体运动，持续移动而处于失重状态。）

有个令人莞尔的例子可以用来描述重力对时间的效应：如果我的手表变慢了，有个方法可以校正它，就是将手臂高举过头。由于手表的位置较高，感受到的重力强度略低，会走得稍微快一些。这个效应确实存在，却太过微弱，这个动作也失去意义。举例来说，为了使手表走快1秒，我需要高举手臂长达数亿年之久！在某些情况下，狭义与广义相对论产生的时间膨胀效应可能会互相抵消。设想有两个时钟，一个在地面上，另一个在绕地球轨道运行的人造卫星里。哪个时钟比较慢呢？对于地面上的钟而言，高速运动使轨道上的钟变慢，但轨道上的钟绕着地球进行自由落体运动，感受不到任何重力，所以会变快。哪个效应占上风呢？

这些效应本身听起来开始有点自相抵触，不过它们的加乘效果却在1970年代一个出色的实验中获得完美的证实。这个实验如今被称为"哈弗勒——基廷实验"（Hafele-Keating experiment），由两位美国物理学家负责执行。

在1971年10月，约瑟夫·哈弗勒与理查德·基廷在两架客机上放置了极为精准的时钟，并且让他们绕地球飞行一周：一架向东飞行，与地球自转同方向；另一架向西飞行，与地球自转反向。之后再将它们与位于华盛顿特区美国海军天文台的地面时钟做比较。

图6.1 使时间变快

人造卫星上的时钟走得比地表上的钟快还是慢？为了得到解答，我们必须了解爱因斯坦的两种相对论。

相对论对时间的两种效应，也就是高速移动的钟变慢与高海拔的钟变快，必须经过精密测量，还要考虑飞机是顺着或逆着地球自转方向飞行。接着我们来仔细探讨这个因素。由于这两架班机飞行高度相近，飞机上的时钟都感受到较弱的重力，使它们比地面上的时钟走得更快。不过东行的班机顺着地球自转方向飞行，因此速度较快（类似顺流划船），这个效应会使飞机上的钟比地面上的走得慢些；西行的班机则逆着地球自转方向（类似逆流划船），因此搭载的时钟会比地面上的钟走得快一点。

在实验开始之前，所有的时钟都经过仔细对时。实验发现，东行的时钟慢了0.04微秒（1微秒为百万分之一秒，变慢是因为高速前进的效应压过高海拔重力减弱使时间变快的相反效应），西行的时钟却快了将近10倍的时间（0.3微秒，狭义相对论效应进一步强化重力变弱造成时间加快的现象）。

这实在令人困惑不已，即便最顶尖的物理学家在试图理解这个结果时都忍不住眉头一皱。重点在于，在这两种情况里，实验所得的结果都与爱因斯坦理论计算的预测十分吻合。

如今，这些影响时间的效应都已经纳入GPS卫星的常规设计考虑里，这些卫星能够标定地表上的任何位置（这也是我稍早允诺会提到的真实案例）。如果没有针对卫星上与地面上细微的时间运行速率差异做修正，我们恐怕无法利用智能型手机或汽车卫星导航定位到我们习以为常的精确度。这种达到几米以内的定位精准度，乃是依据地面装置发出的信号传送到卫星再折回所需的时间而定，这个时间差的测量准确度需要达到1微秒的几十分之一才行。如果忽略相对论，情况会变得多糟呢？相对运动使得卫星上的钟比地表上的钟每天慢7微秒左右。缺少重力作用的卫星（别忘了它们一直在轨道上进行自由落体运动）上的钟，则会比地面上的钟每天快约45微秒。加总之后的净效应是每天加快38微秒。在定位上每微秒的时间差相当于300米的距离，冷落爱因斯坦的结果是卫星每天将会产生10公里以上的定位误差，而且还会持续累进。

走笔至此，我已经介绍完重力以及高速移动使时间变慢的概念。我们接着简略回顾一下阿波罗登月任务里的钟，这对我们思考孪生子问题将有所帮助。

阿波罗八号是美国阿波罗太空计划里的第二次载人任务，也是人类史上第一次离开地球轨道的太空之旅。三位航天员机组员弗兰克·博尔曼、詹姆斯·洛威尔与威廉·安德斯成为首批离开地球远到能看见其全貌的人类，也是第一批直接目击月球另一面的人类。在回程中，博尔曼指出，跟没有出探月任务的情况相比，他们3个人都多老了一些。更有甚者，他还开玩笑说，他们比地球时间多经历的几分之一秒，应该要支领加班费才对。虽然金额微不足道，宇宙飞船上多出来的额外时间却真切存在。

这个结果看起来与本章探讨的主题悖论背道而驰，跟待在地球上的哥哥相比，进行长途旅行的孪生妹妹爱丽斯回来后反而变年轻了。事实上，这两个结果之所以相反，正是因为两种相对论的效应互相角力。总体而言，三位航天员比待在地球上多老了300微秒。

我们来探讨这个结果是怎么来的。阿波罗八号上的时间究竟过得比地球快或慢，与宇宙飞船距离地球多远有关。在去程的前几千公里，地球的重力还不够微弱到使时间加快的效应够明显，阿波罗宇宙飞船相对于地球的速度便成为主宰因子；它造成时间变慢，所以航天员比地球上的人老得慢。但是当他们航行到距离地球更远之处，重力减弱使得阿波罗上的时间开始加快，意味着广义相对论带来的效应开始压过狭义相对论。整趟航程加总起来之后，时间加快的效应占优势，因此宇宙飞船经历的时间比地球上多了一些——300微秒就是这么来的。

出于好玩，美国国家航空暨太空总署（NASA）的物理学家仔细检验博尔曼的“加班”时间是否正确，结果发现三个航天员当中只有一人符合叙述，也就是搭乘阿波罗八号进行太空处女航的安德斯。博尔曼与洛威尔两人在稍早已经搭乘双子星七号完成为期两周的轨道任务。根据计算结果，这段期间的主宰效应为速度所引发的时间减慢，因此他们比地球上的人少老了大约400微秒。加总的结果他们净赚100微秒，比待在地面上还要年轻些。他们不但领不到加班费，恐怕还得缴回多领的薪水！

解开孪生子悖论之谜

我们已经了解重力对时间的影响，接着要回头探讨本章开头爱丽斯与鲍伯所遭遇的悖论，并可望将它破解。回想一下，任一方都可以主张真正在运动的是对方，因此对方的时间走得比较慢。鲍勃说，爱丽斯搭乘宇宙飞船离开，返回之后变得比他年轻；爱丽斯则认为，先离开再回来的是鲍伯与地球，因此是鲍伯的时间变慢了，他比较年轻。

分析这个问题有几种方法。当我在萨里大学任教时，我非常享受在课堂上与学生验证各种不同论点的乐趣，我们首先来检验最简单的一个。

正如我先前所说，真正正确的答案是鲍伯，爱丽斯错了：当她回到地球时确实比哥哥年轻。我们首先注意到，他们两个人所面对的情况并非完全对称。爱丽斯必须加速才能离开地球。如果她沿着直线航行，就必须减速、回转、再加速，最后到达地球时还需要减速降落。相反地，鲍勃则全程保持等速。即使爱丽斯沿着圆形路径航行，得以维持等速率，但由于她的方向一直在改变，还是能感受到加速度的作用。因此，这对孪生兄妹的相对运动并不完全对称：爱丽斯感受得到她的旅程所带来的效应，而鲍伯仍待在缓慢旋转的地球。不过这点并无法让我们一眼就看出她老化变慢的原因。

有个方法可以探讨这个问题，不需牵涉到加速或减速。爱丽丝从宇宙中出发，并在通过地球之前达到预定的速度。在通过地球的那一刻，她与鲍勃的时钟对时。她以等速直线航行，然后在某一刻，她在没有经过加减速的情况下瞬间掉头往地球返航（我知道这种情况不符现实，请读者先耐心读下去）。这是物理学家所谓的“理想状况”——在现实中不可能发生，但这种有效简化也不算错误。透过孪生兄妹各自测量的爱丽斯的航行距离，我们得以分析这个问题，因为爱丽斯老化变慢可以借由长度收缩来加以解释。

假设爱丽斯的折返点是南门二（Alpha Centauri），距离地球4光年（亦即它发出的光需要4年才能到达我们这里，反之亦然）。如果爱丽斯以二分之一光速航行，那么根据鲍伯的计算，她完成这段距离需要耗去光的两倍时间，也就是8年，往返共需耗时16年。然而对爱丽斯而言，由于其速度所带来的相对论效应，她所需要航行的距离缩短了。更正确地说，是南门二朝向她接近的速度所造成的效应，因为她可以合理宣称宇宙飞船一直处于静止。于是在她看来，旅程往返（也可以说是地球远离再接近她）所耗的时间显然将会短于鲍伯所经历的；当她的目的地变近，旅程所耗的时间也会缩短。

现实状况下的爱丽斯当然不可能瞬间掉头，她必须减速，回转，然后再度加速。我们需要用到另一种使时间变慢的方法，也就是广义相对论带来的效应。但是她并不一定会受到万有引力作用呀！在这个例子中，我假设她在南门二折返，可并非如此不可。爱丽斯可以在宇宙中任何空洞之处折返，不受任何重力场的作用。因此，还有一个爱因斯坦的想法是我们最后不能遗漏的。

爱因斯坦毕生最满意的点子

你是否曾想过，为什么我们要用g力来描述高速行驶的汽车或喷射机所承受的加速度？我们会说，某个赛车手在加速、煞车或高速过弯时承受数个“g”的力道。“g”是重力（gravity）加速度的缩写，凸显出加速度与重力之间极为重要的关联。我们都非常熟悉以下的感觉：当你坐在即将起飞的飞机上，随着飞行员将引擎开到最大马力，你首先听到引擎的轰隆声，接着飞机开始在跑道上急剧加速，你则是被推向椅背，直到机鼻拉高爬升进入天际。如果你在完成起飞之前试着把头前倾离开头枕，就会感受到一股将头压回去的力量。这种阻力很像躺在床上时，头部重量往下压在枕头上的感觉。事实上，如果飞机的加速度达到一个g，这种感受就会完全相同。加速度的效果与重力类似。

爱因斯坦在广义相对论建构完成的几年前，想到上述的等效性。他给它起了一个平淡乏味的名字，叫做“等效原理”。他日后说，在“我想到了！”的那一刻，他得到毕生最令他开心的点子。这也显示出爱因斯坦无时无刻不全神贯注于科学上。他思考过物体处于自由落体状态的物理意涵。我们在云霄飞车俯冲时尽力忍受的那种失重感，其实正是这种等效性的最佳表现；只有在放弃抵抗地球重力场的当下，我们才会感受不到它的力，向下的加速度彷佛抵消了我们的重力体验。

爱因斯坦进一步指出，所有重力对空间与时间产生的效应都会出现在加速中的物体上。如果你坐在宇宙飞船的椅子上，而宇宙飞船正以1g的加速度在宇宙里飞行，那么你的感受会和椅背贴在地面上的感觉没有两样。在这两种情况下，你都会承受相同的力道将你压在椅背上。这个想法是关键，因为它意味着加速度与重力场一样，也会使时间变慢。情况确实如此。当你历经加速与减速，其效果就如同置身于重力场里，还会与地心引力产生的效应相加乘。

现在，我们终于要彻底平息孪生子悖论的争议了。爱丽斯之所以变得比鲍伯稍微年轻，是因为承受加速与减速的人是她。无论旅程是否直线往返，根据广义相对论预测，加速与减速期间她的时间会走得比较慢。事实上，如果循着之字形路线飞行，当她变换方向愈多次，所需承受加速和减速的时间就愈长，旅程经历的时间也就愈短。

图6.2　使时间变慢

以接近光速绕圈圈奔跑，
会使你的时间变慢。

盯着时钟

我想我们大可就此打住。孪生子悖论（偶尔被称为时钟悖论）终究并不存在，因为他们俩穿越时空的“旅程”是不对称的。但是有个值得追究的问题：如果两人在旅程中能够互相传递讯息，他们各自会看到什么?

爱丽斯与鲍伯可以约定，彼此照着自己的钟，每隔一段固定的时间就发送一道光信号给对方。如果他们每天在同一时刻发送一次光信号，结果会如何？在爱丽斯的去程期间，他们彼此高速远离，由于狭义相对论的时间效应，两个人收到对方信号的时间间隔都会超过24小时。除此之外，每道光信号需要比前一道传送更远的距离，因此会在时间变慢效应之外再产生额外的时间延迟。后者与引发多普勒频移（Doppler shift）（由于声或光的波源移动，导致波的频率或音高改变）的原理相同。

除此之外，当爱丽斯减速、加速或改变方向，她的时间都会变得更慢，她的信号抵达鲍伯的间隔也更久。最后，特别有趣的是她的回程，在去程中相累加的两种信号递延效应，到了回程变成相对抗。双胞胎彼此之间高速的相对运动，使得他们测量到对方的时钟都比自己的慢，但随着彼此逐渐接近，他们发送出去的光信号所走的距离也愈来愈短，于是这些信号开始密集地抵达。计算结果显示，这种信号密集化（周期短于24小时）的效应胜过时间变慢所引发的效应，因此他们会看到对方的时钟变快了。事实上，他们也会发现对方的动作更快速地进行。不过在考虑所有因素之后，最后结果还是爱丽斯返回地球时比鲍伯年轻了些。

关于这个悖论还有什么没说到的吗？噢，有的，最后要讲的是爱丽斯赚到的部分。如果爱丽斯按照自己的时钟完成1年的太空之旅回到地球，这段期间地球上已经过了10年，她不就等于进行了一趟时光之旅，进入9年后的未来吗？

穷人的时光之旅

许多人会争辩，使时间变慢并非真正的时光旅行。难道这会比暂停播放动画甚至睡着还要令人印象深刻吗？如果你不小心睡着，醒来以为只睡了几分钟，看手表之后竟发现睡了好几个小时，是不是也有点像前往未来的时光旅行呢？

但我认为，相对论的时间变慢远比上述情况更引人入胜，而且是货真价实的时光旅行，虽然只能算是穷人的版本。你也许会认为，时光旅行成功抵达未来意味着着未来已经出现，并且与当下并存，正在等待我们的到访。我的意思并不是这样。实际发生的状况是，在爱丽斯离开的期间里，未来不断在地球上成为现实。爱丽斯的遭遇不过是因为她所循的时轨与地球不同，她经历的时间比较短。就某种意义来说，她像是快转到未来，比别人率先抵达。至于爱丽斯打算前往多久之后的未来，完全取决于宇宙飞船的速度以及航行路径的曲折程度。

真正的问题来了：如果爱丽斯回到地球后并不喜欢所见的一切，有什么办法能让她回到原来的时间吗？当然，她需要借助时光旅行回到过去，不过这却是完全不同的两码事。这个问题将引领我们前往本书中唯一的真悖论，详情请见下一章分晓。

第七章

外祖父悖论

THE GRANDFATHER PARADOX

回到过去杀害自己外祖父，意味着你不会出生

如果你能够回到过去，并且在你的外祖父遇见外祖母之前将他杀害，你的母亲就不会出生，你也不会。但假使你从未出生，你的外祖父也不可能被杀害，他会活下去遇见你的外祖母，而你终究会出生，再回到过去杀害他，依此类推。这个论证会不断沿着自相矛盾的循环绕圈圈。看来你无法杀死外祖父，因为你一直存在。

这是一个经典的时光旅行悖论，可以用许多不同的形式呈现。

比如说，我总是感到困惑，为什么你需要长徒跋涉回到久远之前的过去杀害外祖父，而不是你的母亲或父亲？也许跳过一个世代可以使这个悖论显得不那么可怕。悖论其实也不需要如此残暴，不过从以前流传下来的情节就是如此，我猜或许是因为源自比较暴力的年代吧。举例来说，有个比较温和的版本：你建造了一部时光机，利用它回到过去，并且在启用的那一刻前摧毁它；如此一来，现在

的你就无法回到过去摧毁这台机器。

这个悖论还有另一种呈现方式。一位科学家在他的实验室书架上找到建造时光机的说明书。他按图索骥打造了一部时光机，并且在一个月后使用这部机器，带着这份说明书回到一个月之前。他把手册放在实验室的书架上，让比较年轻的自己能够找到。

跟外祖父悖论一样，在上例中未来很显然已经预定好了，而我们不再有任何抉择的自由。在第一个悖论中，你无法杀害外祖父，因为为了确保你的存在，他必定能逃过任何谋害其性命的劫数。在第二个例子中，科学家必定会打造出时光机，因为他已经/正在/将要这么做（在探讨时光旅行时，时态不免显得有些混乱）。但如果他发现说明书上的附注，说明未来的自己会经由时光旅行把说明书放在书架上，于是他决定不建造时光机，而且还将说明书销毁，又将会如何？

这个故事中还隐含另一个容易被忽略的悖论：用以建造时光机的说明书似乎从来不曾被制作出来——它被找到，利用，然后又还回去，陷入一个不断循环的时间循环里。建造机器的信息究竟从何而来？墨水的原子又是怎么如此美妙地排列在说明书的纸页上？制作说明书需要知识与智能，但它似乎陷入了逻辑上毫无矛盾的循环，随着现实时间往未来前进，然后经由时光机回到过去，没有跳出循环的机会。更重要的是，也没有任何切入循环的起始点，或是说明书制作出来的那一刻。

近年来，透过众多科幻小说和电影，大家已相当熟悉时光旅行回到过去的概念，像《魔鬼终结者》以及《回到未来》等卖座电影就是最好的例子。多数人都很乐意暂时搁下内心的疑窦（确实理应如此），以免破坏看电影的兴致。但如果那就是你想要的时光旅行，恐怕你很容易会让自己陷入逻辑上的混乱。

图7.1　时光旅行引发的悖论

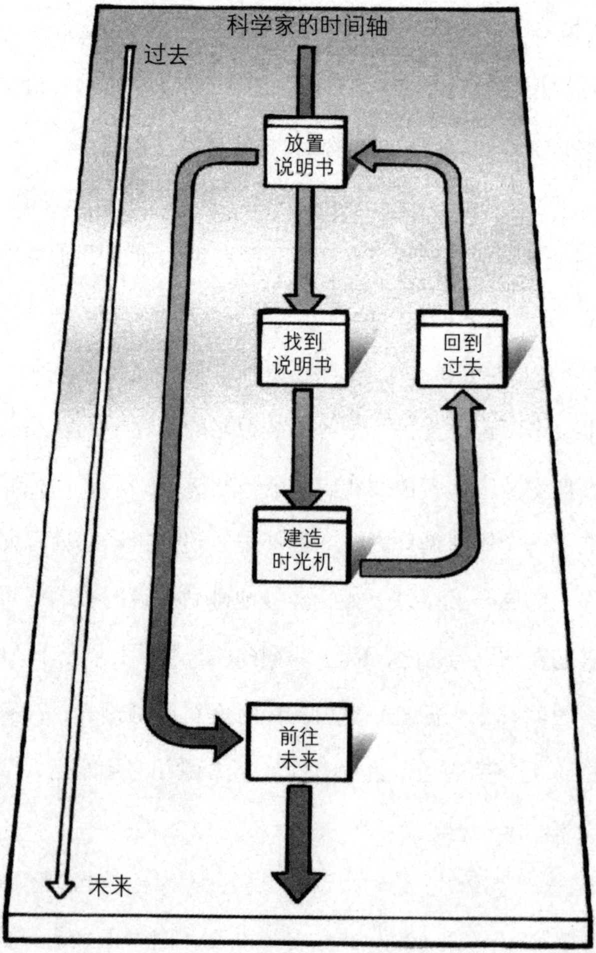

还有第三个、也是最后一个我们需要解决的悖论：时光机的运用违反质量与能量守恒定律。例如，你可以回到5分钟前的过去遇见当时的自己，于是有两个你同时存在。在那一刻，你的身体突然凭空出现，为宇宙增加额外的质量。这边要特别小心，我们谈的并不是亚原子物理中著名的“粒子对生成”现象；这个现象指的是，一个粒子与其反粒子搭档（即该粒子的某种镜像）从单纯的能量中创生出来。来看一下，在你抵达过去的瞬间，并没有多余的能量能够补偿你的倏然出现。我们确实违反了物理学其中一个核心原则：热力学第一定律；说成白话就是，“你无法凭空不劳而获”。

有些人提出时光旅行悖论的解决之道，就是时光旅人无论如何无法参与过去的事件，仅能以旁观者的身份出现。在这个解决方案里，我们仅能回到过去观看事件的进展，像看电影一般，身处于各种进行中的活动却不会被身旁的人看见。不幸的是，这种被动形式的时光旅行虽然看来不会造成矛盾，却更不可能实现。为了要看见外物（正如时光旅人造访过去会看到周遭发生的事件），光子（也就是光的粒子）需要由标的物传送到观察者的眼睛。接着它们必须引发视网膜上一连串的电与化学机转，最后触发神经冲动信号，传送到大脑加以诠释。这些光子已经与所见的物体产生真实的交互作用，并且携带这些物体的相关信息进入观察者眼里。事实上，在微观尺度下，观察者若要透过触摸、感觉或任何方式与过去产生互动，他必须能够与周遭环境交换光子才行。在基本层次上，现实世界中两个物体间的任何接触与联系都透过电磁力进行，而电磁力牵涉到光子的交换。我不想说得太深奥，但结论是这样：如果你看得见某物体，你应该也摸得到它。

假如我们可以回到过去观察事件的演变，应该也能有所互动，并且还能充分参与这些事件。如果想要避免干预历史所引发的各种悖论，就需要运用别的方法才行。

如何回到过去

基本上有两种方式可以回到过去。第一种是跨越时间向过去传送信息，这种型态的时光旅行成为科幻小说家格雷戈里·本福德在1980年出版的小说《时景》(*Timescape*)的故事灵感来源。这部小说描述相隔数十年的科学家之间彼此通讯，一群研究人员在1998年向1962年传送讯息，预告即将发生的生态灾难。他们是透过一种假设性的亚原子粒子，称之为快子(tachyons)。爱因斯坦的相对论预测这种粒子的存在，但是由于它的一些奇特性质，一直以来它只出现在科幻小说中。比方说，快子是一种传递速度超越光速的粒子(其名称源自于希腊文tachys，意味着“迅速”。它在1960年代获得此名，而且还被认真研究了好一段时间)。因此，它一定也能前往过去。1923年，《喷趣》杂志(*Punch*)刊登了一位英国裔加拿大生物学家瑞吉诺·布勒的一首有趣的打油诗，正好可以描述上述的意涵：

一位名为光明的年轻女士

她快过光速

某天出门

她踩着相对论的步伐

返回时竟是前一天深夜

我们稍后将回头探讨为何如此，以及如何做到。

回到过去的另一种方法如下：沿着一条在你这位时光旅人看来是顺着时间行进方向的路径前进，你的时钟也正常运转，但这条路径在“时空”中却是弯回来的，一直循着走下去会回到你的过去。这就如同搭乘云霄飞车沿着环状轨道绕圈圈一样。这种循环在物理学上称为“封闭类时曲线”（closed time-like curves），近年来在理论物理界受到密切的研究。

既然已经提到快子和类时曲线，就表示我不会立刻草草了结时光旅行的悖论。要这么做实在太容易了，直接主张透过时光之旅回到过去（与前一章探讨时光旅行前往未来截然相反）在逻辑上行不通即可，本章立刻成为短命的章节。相反地，我打算在已知物理学定律的范畴内，试着解决这些目前碰到、难搞的科学悖论。我之所以认真看待，是因为大家在上个世纪中旬就已经知道，爱因斯坦相对论其实容许时光旅行回到过去的可能。尽管这种可能性必须基于某些特定条件，而且还是数学上的离奇结果，不过你还是会感到惊讶。狭义相对论揭示了第一种时光旅行方法如何可行（亦即透过超越光速的传播而产生因果逆序现象），而广义相对论则容许第二种方法存在，也就是借由类时曲线达成“传统”概念上的时光旅行。1940年代与爱因斯坦在普林斯顿大学共事过的逻辑学家库尔特·哥德尔已经透过数学计算证明，这种时光旅行回到过去的方法至少在理论上可行，而且不违反任何自然定律——除了我们所面临的悖论之外。如果要挽救爱因斯坦的声誉，我们就非得正面挑战这些悖论不可。

超越光速

我们首先来探讨，为什么超越光速的时光旅行能够回到过去。

我会利用第五章谷仓与竿的情境来说明。回顾一下，当你站在谷仓里，看着跑者扛着一支长度收缩的竿，逼近光速向你迎面跑来。对你而言，竿比谷仓短，因此可以同时关上前门与后门，短暂地将竿关在谷仓里。原则上，你甚至可以在竿尾进入之后随即关上前门，再关上后门——因为竿的长度小于谷仓，在竿尾进入谷仓（并关上前门）到竿头抵达谷仓后侧（后门必须再次开启让竿通过）之间，会有一段短暂的时间。在这段一瞬即逝的时间里，你可以关上后门。再重复一次，在你的参考坐标系中，关上谷仓前门之后才关上后门是有可能的。

现在，假使谷仓后门的关闭受稍早的前门关闭所触发，将会如何呢？事件的顺序固定如下：因为前门关上（前因），导致后门关上（后果）。这种因出现在果之前的必然性称为“因果律”（causality），是自然界的核心概念。在原因出现之前就先看到结果，不但违反因果律，还可能导致各种逻辑上的矛盾。例如，假使我打开开关点亮一盏灯，我的动作就是因，房间获得照明则是果。但假使有另一名观察者以接近光速行经我身旁，在我触动开关之前就已看到灯光点亮。原则上，他可以在看到灯亮之后阻止我开灯的动作。因为根据“同时性的相对性”（relativity of simultaneity）原则，两位以接近光速进行相对运动的观察者，所见到的两个事件之间的时间间隔不但会有所不同，如果这两个事件在时间上靠得够近，有时候两人所看到的事件顺序甚至可能颠倒。这类的因果逆序矛盾，正是讯号超过光速传播时会发生的情形。

为了了解得更透彻，我们再度回到竿与谷仓的例子。还记得跑者看到的是一个压缩变短的谷仓，因此他的竿永远不会完全进入谷仓中。在他的坐标系里（每个部分都跟你站在谷仓的坐标系一样真切），两扇门的开关必须遵循一定的顺序——后门必定要先关上之后，再度开启让竿头通过，接着前门才关上。关门事件只有按照这个顺序才能使竿顺利通过谷仓，同时允许每扇门在某个时刻短暂关上。然而，如果后门只会在前门传来关闭的信号之后才会关上，那么跑者看到的就是事件发生顺序前后错置，果先于因。我们碰到麻烦了。

别担心，相对论能够完美地解释这一切，而且有扎实的数学计算做后盾。设想以下的情境：你建立一个实验装置，当你在地球上打开开关，月球上就会发出一道闪光。光需要费时1.3秒左右才会走完地球到月球间的距离，如果你送往月球的信号是以光速传播，那么你会在2.6秒后在望远镜里看到闪光（所需的时间等于光的往返旅程）。但是，如果你送出的信号传递得比光还快，会发生什么事呢？假设两秒钟之后你就看到闪光，这意味着你从打开开关到从月球发出闪光之间只花了0.7秒（即2减1.3）。这一切听起来完全合理，但相对论却告诉我们在自然界不会发生这个现象。

为了彻底相信这些想法，读者必须自己仔细思考过才行。或者，你也可以直接接受我所说的一切。在搭乘接近光速的火箭前往月球的观察者看来，月球上的闪光在你打开地球上开关之前就出现了。然后他们可以发送一道比光还快的信号给你，告知他们已经看到月球上的闪光。对你来说，它就成了从未来往回传送的信号，使你得以在开关尚未打开之前就收到。然后，你可能就决定不打开开关了。避免这种情况发生的唯一办法，就是排除超光速信号传递的可能性。

这就是为什么物理学家会相信没有任何物质能够传递得比光还快，因为这么一来将导致真正的悖论出现。我认为，这一点已经足以排除第一种时光旅行的方法了。但是沿着类时曲线在时空里绕圈圈的构想呢?

方块宇宙

为了更容易将时空路径可视化，我要来介绍方块宇宙（block universe）的概念。这是一种简单而深入的方法，能够帮助读者建立空间与时间的统整化图像。

将宇宙想象成一个巨大的方形盒子。接着，如果我们想加上时间的维度，该怎么办？这会产生一个总共有四个维度的时空，称为“方块宇宙”。由于我们无法想象四个维度的模样，如果要使这个构想具有实用性，就必须进行一些显而易见的简化：我们牺牲其中一个空间维度，将三维空间压扁成二维空间，成为方块宇宙中的侧切面。于是垂直于该切面由左至右的第三个维度就可以用来作为时间轴。

可以把它想成一条巨大的切片吐司，每一片都是整个宇宙在某一刻的快照，连续的切片对应到连续的时间。这不是一种非常精确的讲法，因为宇宙空间是三维而非二维，但它确实是一种将时间轴可视化的有效方法。图7.2显示了这种模拟如何帮助我们想象方块宇宙。

图7.2　方块宇宙

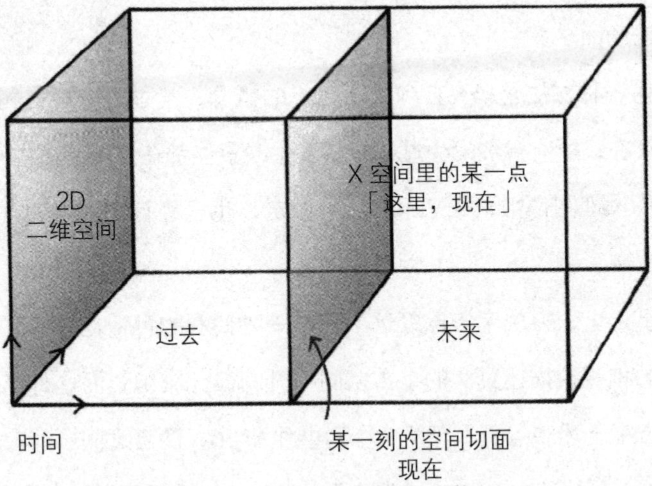

这张图简洁之处在于，宇宙中某时某处所发生的事件，都可以用方块中的某一点（图7.2中的x）来表示。更重要的是，我们得以看见时间整个在我们面前展开——与风景（landscape）对照，这是一种时景（timescape）——无论过去或未来的所有事件，都在这永恒而静态的方块宇宙中共存。

但是，方块宇宙是否与现实相关，或者只是一个有用的可视化工具？我们如何将这个静态的时空模型与时间“流”的真实感受做连结？物理学家有两种方法来看待这件事。常识告诉我们，我们的“现在”是一片空间切面，过去的宇宙在切面左侧区域，未来的宇宙在右侧。这种看待宇宙整体存在的观点，将时间的过去、现在和未来整个展开并静置在我们面前，这在实际上不可能发生，因为我们不能自外于自己的宇宙。我们的“现在”在时间轴上由左向右移动，从这个瞬间变换到下一个，从这片吐司到下一片，像在电影中不断变换的画面。

另一种方法是扬弃任何关于当下的概念，让过去、现在和未来同时存在，所有曾经发生过或终将发生的事件都在方块宇宙中并列。在这种物理图像中，未来不但已经命定，也已经存在，跟过去一样无法改变。

事实上，方块宇宙已经远不只是一种便利的可视化方式。爱因斯坦的相对论描述真实的宇宙空间与时间彼此交织，而这种交织必然会带来上述观点。试想两个个别事件A与B，两者之间可能有或没有因果关系，其中A在B之前发生于不同地点。在爱因斯坦出现之前，根据人类对空间和时间的理解，会认为A与B之间的空间距离与时间距离彼此并不相干，而且所有观察者测量的结果都相同。

然而爱因斯坦已经揭示，两位进行相对运动的观察者，对时间与距离这两个物理量的测量结果都不一致。但若将这两者结合成“时空”，我们会发现，方块宇宙里所有观察者所测得这两个事件之间的单一“距离”都会一致，这个距离是空间与时间的综合体。只有在“时空”里，我们才会得到某些一致的绝对数值。这在相对论中相当关键。

当然，在本章里引起我们兴趣的不是这些，我只是觉得应该提一下，说明方块宇宙并非只是因为好玩而被编造出来。

方块宇宙中所有时间共存，时光旅行的概念似乎变得更可能实现。假如我们回到过去某个特定的时刻，在当时的人看来，我们是从他们的未来进入他们的现在。对他们来说，未来与现在一样真实。更何况，我们的“现在”哪有比他们的更特别？我们不能宣称我们所处的当下才是真正的“现在”，而他们只是自以为生活在“现在”。如果我们想象，时光旅人从未来来到现在拜访我们；对他们来说，我们才是过去。所以，我们的未来和过去（事实上是所有时间）必定一起存在，而且同样真实。这正是方块宇宙模型所告诉我们的。

方块宇宙中的时光旅行

就根本层次来说，没有人确实知道时间如何“流逝”，如果它真的在流逝的话。但至少我们可以给它一个方向，也就是时间箭头（arrow of time）。这个抽象概念让我们可以定义事件发生的顺序。

时间箭头从过去指向未来，从稍早的事件指向稍后的事件。按照这个方向，事件依序发生，你可以把它想成是热力学第二定律加诸在我们世界里的方向。它就像DVD播放器“播放”键上的箭头——即使你可以随意快转或倒带，电影依然需要按照某个特定方向播放，而非其他方向。

有了这样的限制，方块宇宙看起来变得有点像是一部庞大的DVD影片，我们可以随意从某个时刻跳到过去或未来的另一个时刻。

在其中并没有真正的当下，因为电影中的每个时间点都与其他点一样真实；它们是并存的。那么，是否有可能用同样的方式来操控真实宇宙中的时间？所有过去与未来的时间是否真的“存在”于某时某刻，并且不断地进行，因此与我们认知中的“现在”同等真实？果真如此，我们要如何移动到那些时候呢？这是关键问题。我们可以在空间中由某一点移动到其他任意点，为什么不也跨越时间移动呢？

时光旅行悖论的可能解答

当物理学家无法验证理论里的预测时，他们有时候会采用所谓的“臆想实验”；这种理想化的虚拟情境不违反任何物理定律，但是太过假想性或者无法实现，所以无法在实验室中真的进行。其中一个例子是“撞球台时光机”。有了它，我们就可以探讨，一个物体如果回到过去碰见自己会发生什么状况。数学预测的结果会如何？这个实验的构想如下：一颗球掉入撞球台的球袋里。该球袋经由时光机通往附有弹射装置的另一个球袋，当球掉进原来的球袋之后，便会被弹出到稍早的撞球台上，让它有机会与进洞前的自己发生碰撞。

在这个臆想实验中，如果我们一开始就只容许不会产生矛盾的情况，那么某些悖论其实可以轻易避免。物理学家把这些情况称为“一致解”（consistent solutions）。一颗球能够回到过去，从另一个球袋里蹦出来，将稍早时候的自己撞离原本的路径，但仍然使其掉进那个洞里，接着让它再启动时光之旅回到更早的时刻。球从球袋弹出、与稍早的自己碰撞却未能进洞，这种情况则不容许发生，因为这会产生悖论。所有时光旅行悖论的基本想法如下：我们宇宙里的过去只有一个独一无二的版本。它已经发生了，无法改变。原则上，我们可以回到过去并且随心所欲干涉历史，前提是所做的任何事只会带来相同的结局。我们永远无法改变历史，因为我们是宇宙组成的一部分，带有过往事件的记忆。已经发生的事基本上无法改变。我们甚至能构想出以下情境：正是因为回到过去的时光旅人涉入昔日的事件，才会使事情变成我们已知的结果，正如撞球台时光机所发生的。

那么，如果坚持只容许时光旅行的“一致解”，是否能帮助我们解决所有悖论呢？答案是一声响亮的“非也”。“一致解”表面上看来非常诱人：你可以回到往日与年轻的自己见面，前提是你还记得在过去某时刻年长的自己曾经来访过。如果你不记得，那么会面就不曾发生过，也永远不会发生。同样地，在较为暴力的外祖父悖论里，你无法杀死外祖父，因为你的诞生并成为时光旅人就是行动失败（无论原因为何）的证明。

然而，这并不能帮助我们避开上述的其他悖论，例如落入时间循环里却从未被制作出来的时光机说明书。（这个例子唯一的解套方法是年轻版的科学家发现说明书，在阅读之前就销毁它，然后自行发展出建造时光机的方法，并且撰写出一模一样的新说明书，带着它回到过去放在书架上。你看，光是要求科学家在读过说明书后销毁它是不够的，因为这么一来建造时光机的信息就会落入时间循环当中。）

还有，一致解的论点依旧无法解决时光机及其承载物突然出现在过去、违反热力学第一定律的问题。它们必须与当时宇宙中的质量与能量相加，即便是从未来“借”来的。

真正的时光旅行需要多重宇宙

到现在为止，我们已经探讨了大部分关于时光旅行的理论。且让我们来看一下过去半个世纪以来，理论物理学当中最引人入胜的离奇构想——平行宇宙。这个构想的原意是为了解释量子世界中一些更加离奇的现象与推论，包括原子为什么可以同时出现在两个以上的位置，并且能够依照测量方式的不同而表现出粒子（局限在微小区域内）或波动（会传播开来）的性质；还有为何两个粒子似乎能进行实时的信息沟通，即便是位于宇宙的两端。这些现象本身看起来就自相矛盾，我们在第九章遇见薛定谔的猫时，会再回头来探讨这些问题。本章关于平行宇宙最有趣的部分在于，它与时光之旅可行性之间的关联。

平行宇宙最原始的构想名为量子力学的“多世界诠释论”，根据这种诠释，一旦亚原子粒子面临两个或多个选项可供选择的情况，整个宇宙便会分化为与选项数目等量、数个平行存在的实体。据此观点，有无限多个宇宙同时存在着，它们与我们所居住的宇宙或多或少有些差异，差别的程度取决于它们在多久前从我们的宇宙分支出去，而这些宇宙每个都跟我们的一样真实。这乍看之下简直是个疯狂的想法，但若与量子物理一些同等疯狂的意涵并列，它确实具有相当的可信度。

数十年来，多世界诠释论一直仅是物理学中的理论以及科幻小说里的情节。截至目前为止，任何支持平行宇宙确实存在的实验证据并未被找到，我们也无法与其他任何平行的宇宙取得联系。看起来似乎不可能有空间容纳这些多出来的宇宙，毕竟我们自己的宇宙可能就已经无穷大了，其他的宇宙能藏在哪里？我们可以把它们想成是彼此重迭的方块宇宙。它们共享相同的时间轴，但是每个宇宙都有自己的空间维度；它们彼此重迭在一起，但在量子尺度之外，彼此之间却又毫无任何交互作用。到了最近，宇宙不断分支的多世界构想被一个更复杂的理论取代，也就是量子多重宇宙。依其设想，宇宙并非一直诞生出许多副本，相反地，原本就已经存在无穷多个共存与重迭的平行宇宙，而且每个都与其他一样真实。我们的方块宇宙突然间变得非常拥挤。原本的单一方块宇宙只有一种静态的固定未来，相较之下，多重宇宙的构想具有一些优势。所有未来的可能性再度开放，我们也得以重获自由意志。我们接连做出的抉择，等于在所有可能的时空当中决定出一条路径；而我们所处的宇宙，最终就是由这条选定的路径定义出来的。有无限多种可能的未来供我们选择，意味着多重宇宙里有无限多个共存的宇宙。

于是，真正的时光旅行突然间成为可能，因为我们的时空只是无限多种未来与无限多种过去的其中一种。要回到多重宇宙中的过去，方法与前往未来没什么两样；就像有许多种未来可供选择，也有许多种过去可供我们探访。时光之旅是沿着某条时间循环前往其中一种可能的过去，这意味着回到过去的类时曲线几乎会无可避免地将我们送进某个相邻平行宇宙的过去。这么想好了，如果你回到从前，并且试图重复相同的动作以便做出相同的抉择，无论你多么努力，这次总会有某些环节变得跟上次不一样。不一定是因为你稍微改变了抉择，而可能是因为受到某些地方其他因素的影响，你走上另一条穿越时空的路径，未来因此改变；你将会前往一个略有不同的未来。同样情形发生在回到过去的状况：你绝不会回到自身宇宙的过去，可能性微乎其微。极有可能的是，你会回到某个宇宙的过去，而这个宇宙几乎和你原来的宇宙一模一样。事实上，以每个宇宙的复杂性，你几乎不可能分辨出这个宇宙与你原来宇宙的差异——直到你开始干预它为止。

一旦到达那里，你可以随心所欲改变过去，因为它已经不再是属于你的过去。你所前往的平行宇宙里发生的事件，并不需要与你原来宇宙里的结局一致。不过记住一点，要找到回到自己原本宇宙的路机会非常渺茫，实在有太多种可能的未来可选了。

接着让我们来看，多元宇宙理论如何破解外祖父悖论，以及其他时光旅行产生的矛盾。我们从最原始的版本开始。现在，你可以在抵达的新宇宙里杀掉自己的外祖父（这仍然不是件好事）。结局是，你在那个宇宙里永远不会出生。

科学家和时光机说明书的例子也能获得澄清。穿越时光的科学家进入另一个平行宇宙，在那个宇宙年轻的他可以选择是否运用该说明书来建造时光机。由于他绝不会成为那位踏上时光之旅的科学家，并不会产生任何矛盾。

即便是质能不守恒的问题也得以解决，因为它不再单独适用于各个宇宙，而是整个多重宇宙。构成你的能量与质量只是从一个宇宙移动到另一个宇宙，整个多重宇宙中的质能总和并未改变。

链接各个宇宙

在多重宇宙模型里，我们还没有解决的一个棘手问题是因果律。上述的解释看起来意味着，你所前往的平行宇宙已经事先知道你会出现。由于时光机产生出来的旅途终点（在不同的宇宙里）在时间上比出发点早，不仅你的突然到来必须满足宇宙中的物理定律，而且你所做的抉择与所引发的后续改变，在你没有回到过去的情况下都不会发生。这真的会修正你返回自身宇宙过去的情况所带来的矛盾吗？看起来另一个平行宇宙里已然发生的事件，迫使处于现实宇宙中的你在未来必须要回到过去。如果因与果分别属于不同的现实世界，综合来看因果律是否可以违反？听起来依旧难以捉摸，是吧？

有个解决之道，不过需要时光机已经建造完成并启用才有效，而且不只在你这一头，连要前往的那一头（在过去）也要。于是，两个宇宙之间便顺着时间方向连结起来。连结一旦建立之后，就能允许宇宙之间的双向旅行。广义相对论里有一种方法能够将我们的宇宙与另一个平行宇宙连接起来（至少在理论上如此）。这种方法称之为时空蛀孔（space-time wormhole）[①]。

① wormhole 一般直接翻译成“虫洞”，本书则采用叶李华教授的译法，将其翻译为“蛀孔”。“洞”在中文里隐含只有一个开口的意思。wormhole 的本义则是，若虫子将苹果蛀穿，就能利用这个通道当快捷方式，从苹果的一端钻到另一端，而不必爬过苹果的表面。space-time wormhole 也是两个不同的时空位置之间的快捷方式信道，因此译为“蛀孔”在意义上较为贴切。

蛀孔是一种假设性的时空结构，一般认为并不存在于现实世界中，但由于理论的容许（而且还是目前关于时空本质的最佳理论），我们最起码可以享受一下它可能存在所带来的乐趣。蛀孔与其近亲“黑洞”的不同之处在于，现今大多数物理学家与天文学家都十分确信黑洞确实存在于太空中。当物质受到惊人的压力压缩成极小的体积，就有可能会形成黑洞，例如坍缩的恒星或星系的中心等。然而，蛀孔只能在非常严苛的条件下形成，而且一般并不认为这些条件在我们的宇宙中自然存在。不过至少在理论上，蛀孔是一条穿越时空的快捷方式；它从我们的宇宙出发，可以连回它里头另一个截然不同的时间和地点，或者连到另一个平行宇宙里。它是一条可望让我们进行时光之旅的时空隧道。

图7.3　时空里的蛀孔

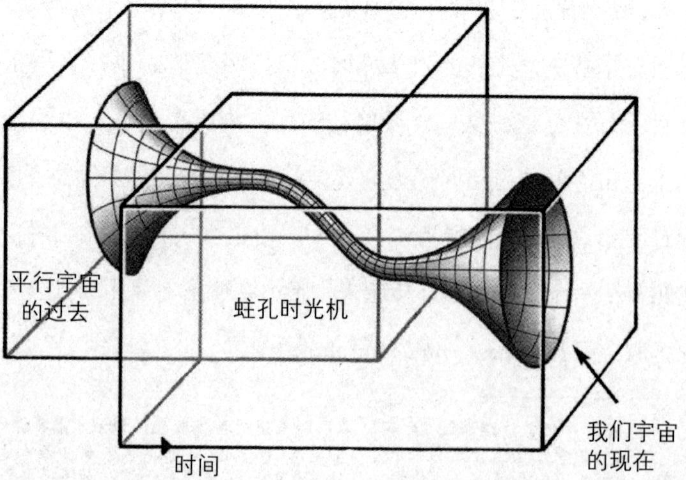

为了避免悖论的产生，蛀孔必须连向某个平行宇宙的过去。

所以，我们成功地将外祖父悖论的定位降级到“认知悖论”，在物理学照妖镜之下便消失无踪了吗？其实并没有。当我之前强调解决悖论的可行之道时，就表示已经进入臆测的境界。我当然没有违反任何物理定律，但是像多重宇宙以及时空蛀孔这些想法仍然不属于正统科学的范畴。它们讨论起来很有趣，却无法证实……至少在现阶段暂时如此。

时光旅人何在

很多人把这个问题当成否定时光旅行的证据。如果透过时光旅行回到过去，真的如某些人声称可以实现的话，肯定有某些时光旅人愿意来造访我们的时代，他们应该会出现在人群当中才对。但是，到目前为止我们从来不曾与他们邂逅。这当然足以证明未来永远不会打造出时光机，是吧？

经由时光旅行回到过去也许终将无法实现，不论是由于平行宇宙或蛀孔不存在，还是因为某些未知的爱因斯坦理论修正排除了这种可能性。不过，欠缺时光旅人的论点却是有漏洞的。其错误之处在于，他们以为两个不同时代之间的连结，在时光旅者踏上回到过去之路的那一刻就已经建立起来，无论是借由蛀孔或其他方法。其实并不然——它在时光机打造出来（或启动）之后才会建立，并开启时光旅行的可能性。假使人类在22世纪发展出建造时光机的方法，并且用于时光旅行，旅客最早只能回到机器启用的那一刻，而无法回到像21世纪这么久远之前。这是因为时光机的建造牵涉到连接多重宇宙里不同的时间点。在机器建造出来之前的时间都永远成为过去，无法探访。任何前往史前时代的可能都被排除，除非我们偶然找到某种天然的时光机，比如说存在于时空某处的古老蛀孔。

所以，在这个时代找不到时光旅人有一个很简单的原因：时光机尚未发明。

其实还有许多其他的原因可能让时光旅人缺席。举例而言，假使真的有多重宇宙（我认为，如果要允许时光之旅，这个理论就必须是对的），那么我们的宇宙或许刚好不属于时光旅人有幸访问的宇宙之一（假设时光机已经在别的平行宇宙中出现）。另一个可能的原因或许是，某些未知的物理学定律不允许回到过去的时光旅行。或许还有一个更现实的原因：我们期待在这个时代出现时光旅人，是因为预设他们想要来到这个世纪。可也许对他们而言，有比这里更美好、更安全的时代等着他们拜访。也有可能来自未来的时光旅人已经混在我们之中，但选择保持低调。

第八章

拉普拉斯妖

THE PARADOX OF LAPLACE'S DEMON

蝴蝶振翅能否让我们幸免于可预测的未来

“预测是相当困难的，尤其是关于未来。”丹麦的量子物理学家尼尔斯·玻尔如是说。这句话或许听来只是不经思索的陈腔滥调，但隐藏在背后的，却是攸关命运、自由意志以及我们能否决定未来的深刻想法，正如玻尔的其他名言一样。

让我先来叙述这则悖论。在麦克斯韦构思出他的虚拟精灵之前的半个世纪，法国数学家皮埃尔–西蒙·拉普拉斯就已经创造出自己的版本。拉普拉斯妖远较麦克斯韦妖更为强大，它不仅能掌握盒子里每一个空气分子的确切位置与运动状态，知识更涵盖宇宙里的每个粒子，完全明白粒子之间如何作用的物理定律。也就是说，这位无所不知的精灵原则上能够推算出整个宇宙随着时间如何演变，并且预测其未来状态。不过如果是这样，它便可以选择操弄这些信息，故意做出某些动作让未来与稍早的预测不同，导致预测错误，从而使自己预见未来的能力失效（因为在它的计算中，一定会把自己即将进行的动作考虑进去）。

以下有个有趣的例子能清楚呈现这则悖论的含意。我们可以将这个精灵设想成一部庞大的超级计算机，具有强大的计算能力与不虞匮乏的内存，使它得以掌握宇宙的每一处细节，甚至包括构成计算机每一颗原子以及电路中每一颗电子的组态。利用这些信息，它能够精确计算出未来如何进展。接着，操作者对它下达一道简单的指令（它预知自己会收到）：计算机若在运算结果中的未来里存续，就进行自毁；但若在运算出的未来不再存续（表示届时已自毁），就不进行自毁动作。我再说一次：如果它在预测的未来中存续，就不会真的存在；如果它在预测的未来中消失，就会继续存在。无论哪种状况，它的预测都是错的。那么，究竟它能否存续下去呢？

正如本书中的许多悖论，此一悖论的解答告诉我们真实世界的深刻事实，而且远超出哲学辩论的范畴。拉普拉斯本人似乎没发现他的精灵所具有的矛盾本质；事实上，他仅仅称之为“某种知性的存在”。原本的叙述如下：

我们可以将宇宙当今的状态视为过去的果以及未来的因。设想某种知性的存在，能于某一刻通晓大自然运作的各种力，以及大自然一切组成物的位置。若此知性的存在也浩瀚无垠，能将这些数据加以分析，那么从宇宙中最巨大的星体到最微小的原子，其运动都将囊括于单一方程式中。在此知性的存在看来，没有任何不确定的事，而未来将如过去般呈现在眼前。

——出自《概率论》(*A Philosophical Essay on Probabilities*)，皮埃尔–西蒙·拉普拉斯著，楚斯考与艾莫瑞译，第六版（多弗尔出版社，纽约，1951），第四页。

拉普拉斯并非在寻求悖论，他是利用这个假想的精灵凸显某个当时普遍认为无可置疑的观念，也就是宇宙是“命定的”(deterministic)。这个词是本章悖论的核心，我们需要明白它的意涵，并且仔细定义它。决定论（determinism）的意思是，未来在原则上是可预测的。上述悖论却显示，我们非得排除这种可能性不可；也就是说拉普拉斯错了，宇宙不可能是命定的。不过我们将会明白，在当今物理理论的限制与预测不准的范畴之内，我们有充分的理由相信，宇宙确实是命定的。

这是否意味着我们得舍弃自由意志的概念，因为命运早已注定？我们该如何解决拉普拉斯妖的悖论呢？这里可以与前一章时光旅行悖论做个简单的比较。在前一章的案例中，我们的过去是已知且既定的，为了改变过去，我们必须回到当时，迫使悖论产生。在这则悖论中，拉普拉斯妖通晓未来，却不需要进行时光之旅；它只消等待未来降临，而在等待的同时，它可对当下进行干预，导致截然不同的未来。

有种不太科学的方法可以排除时光旅行悖论，就是坚持返回过去的时光之旅是不可能发生的。然而，在拉普拉斯妖的案例中，并不需要进行时光旅行；精灵无法自外于未来，就算它什么都不做，未来仍然会降临，看来我们需要其他解释来破解这个悖论。最简单的选项往往是正确的，我们可以肯定相较于既定的过去，未来则是开放而未定的。精灵所“看到”的，仅仅是其中一种可能的未来。诚然，为了使它（还有我们）能自由地做出选择，我们的宇宙不可能是命定的。这是一个有趣的论点，但不见得能破解拉普拉斯妖的悖论。

为了说明为何这个简单的解答仍然不足，设想以下情境：你使用超级计算机来计算宇宙未来的状态。经过数十年的巧妙实验以及许多伟大科学家的研究贡献，在未来我们已经发展出一套崭新的物理理论。这套理论可以用一组美妙的数学方程式来囊括。这部计算机会告诉你这些信息，让你不用经历原本所需的漫长研究历程。于是你感谢计算机的付出，关上电源，然后不费吹灰之力地赢得诺贝尔奖的殊荣。

问题出在这：如果计算机真的能预测无限多种可能未来的其中之一，而且预测出的未来正好发展出影响深远的科学发现，我们马上可以看出这其中并不带有任何预测的成分；这与碰巧想到一个点子没有两样。就跟著名的“无限猴子定理”一样：一只在打字机上随机打字无限久的猴子，会在某个时刻打出一套莎士比亚全集——完全出于巧合。从这个解释里，我们并没有获得什么信息。虽然计算机并非完全不可能意外地构思出科学上崭新的“万有理论”，但这种可能性微乎其微，小到足以忽略。当然，如果计算机考虑当前的知识水平、全世界顶尖理论物理学家的思想趋势、以及未来能够实现的新实验构想，然后再开始运算的话，其可能性可能会比猴子在键盘上随机打出相同理论来得高一些；不过出现这种结果的概率仍然低到趋近于零。

有一个有效的方法可以破解此一悖论，而我的确可以在此向读者全盘托出。如果我听起来有点勉强，那是因为这方法实在太平凡无奇，不像是悖论该有的解答。在描述超级计算机的时候我曾提到，它所具有的知识完备到连自身内部结构的所有细节都掌握得一清二楚，因此能够预测自己的行为（暂且先放下计算机是否有自由意志的问题；我们在此假设，尽管它具有强大的运算力，但仍然没有自我意识，也不知道可以借由预测以外的动作来愚弄自己）。一旦我们开始分析"计算机知道组成自己的每个原子与电子状态"代表什么，立论就变得站不住脚了。计算机需要将这些信息储存在内存中，而内存本身就是由特殊排列的原子所构成，这种排列方式本身也是计算机所需掌握的信息——这显然自相矛盾，因此排除了计算机知晓所有关于自身一切的可能性。如果它在预测未来的运算中，无法将自身纳入，表示它关于宇宙的知识并不完备。①

上述论点已经足以排除拉普拉斯妖。不过关于这则悖论，我们能发挥的仅止于此吗？并不尽然。在强调"知道未来"的可能性时，我们已经打开潘多拉的盒子，释放出以下的问题：我们是否身处于一个

① 此处作者的意思是说，内存乃是用来储存外部信息用的，若将内存原子的状态也包含在整体信息当中，那么这些原子态的信息就需要储存在其他的外部系统中，而这些外部系统原子的信息还需要更进一步储存到另外的系统中……如此一直推演下去，永无止尽。因此超级计算机无法描述它自己的状态，这就排除了"计算机知晓关于宇宙一切"的可能性。——译者注

命定的宇宙之中？上述论点如何解释我们是否拥有决策的自由度？未来是否事先注定，无可改变？科学对于这些问题都有一套看法。

决定论

让我先仔细区分以下三个概念：决定论，可预测性，以及随机性。首先，我所谓的“决定论”指的是哲学家口中的因果决定论，也就是过去事件导致未来事件的概念。从逻辑上可以得到如下的结论：每个事件的发生都是一连串事件所造成的结果，这一连串的事件可以一直回溯到宇宙诞生的那一刻。

17世纪时，牛顿运用崭新的微积分数学发展出力学理论。他的方程式让科学家能够预测物体如何移动以及交互作用；小至炮弹射击，大至行星运动都涵盖在内。透过他的数学公式，诸如质量、形状、位置、速度、与作用其上的力等描述物体物理属性的量值，都能代入简洁的数学方程式中，产生该物体在未来任一时刻运动状态的信息。

这衍生出往后两个世纪广为接受的信念：假使能掌握所有的自然定律，原则上就能计算出宇宙中一切物体未来的运动行为。我们处于一个一切都已预定好的宇宙，包括任何运动与变化，没有自由选择，没有不确定性，也没有概率的存在。这种模型称为“牛顿机械式宇宙观”。乍看之下，它并不像爱因斯坦的方块宇宙这么无趣，方块宇宙里已经发生及未来将要发生的一切事物，都已在时间轴上展开并且定格。不过，由于机械式宇宙在未来任何时刻都已预定且无法更改，实际上它与方块宇宙并无不同。

这个观点却在一夕之间变了。1886年，瑞典国王提供2500克朗的奖金（这是一笔为数可观的金额，超过多数人一整年的收入），给予任何能证明（或否定）太阳系稳定性的人——亦即确认行星将继续围绕太阳运行，或者证明其中一个或多个行星有可能螺旋坠向太阳，或挣脱其引力遨游太空。来自法国的数学家亨利·庞加莱接受此一挑战。他从太阳、地球与月亮的简单问题出发，也就是所谓的三体问题。他发现，尽管只牵涉到三个物体，却不可能得出精确的数学解答。不只如此，三体的某些排列对于初始条件的变化极为敏感，方程式因此得出十分不规则且难以预测的运动行为。尽管未能解答有关太阳系稳定性的原始问题，他仍然赢得了国王的奖金。

庞加莱已经发现，即便系统只由三个交互作用的星体组成，随着时间的演变就已经无法精确预测，何况涉及太阳系所有的星体（包含所有的行星及其卫星，以及太阳）。然而，这个发现所隐含的意义，直到四分之三个世纪之后才再度被探讨。

蝴蝶效应

现在我们赋予这台强大的计算机较为简易的任务：在撞球赛开局时，预测球台上的球被母球击中之后的散射路线。球台上的每一颗球都会受到碰撞，多数的球甚至会经历多次碰撞，在撞击彼此或球台边缘之后反弹。当然，计算机需要精确知道母球击出的力道，以及它撞击第一颗球确切的角度。但是这些条件就足够了吗？当所有的球最终静止下来，计算机预测撞球的散布情形与实际情况相差多少？若只有两颗球碰撞，预测碰撞结果理论上是完全可行的，但如果要考虑多颗撞球经过复杂多重散射之后的结果，却几乎不可能。若其中一颗球以稍微不同的角度滚动，它可能与另一颗原本擦身而过的球产生碰撞，两颗球的轨迹便产生戏剧性的改变。最后的结果便突然变得截然不同。

因此，我们提供给计算机的信息，不仅应该包含母球的初始条件，还须包括其他所有球在球台上的精确位置——它们是否互相接触、彼此之间的精确距离、与球台边缘的距离等。即使有了这些还是不够。任何一颗球上的微小尘埃都足以影响这颗球的路径几分之一毫米，或让它略微变慢，进而稍稍改变它与另一颗球的碰撞力道。我们也需要提供球台表面的精确状态：例如，表面稍有灰尘或磨损，因此增加或减少与球之间的摩擦力。

你可以想见，这还算不上是不可能的任务。假如我们拥有全部初始状态的信息，并充分掌握运动定律与方程式，原则上仍有可能预测。球最终静止的位置并不是随机的——他们都遵循物理定律，无论在什么时刻，都以完全命定的方式依所受的力做运动。问题在于，实际上我们不可能得出完全可信的预测，因为所有必须的初始条件都要达到极端精确的程度，包含每颗球表面的每一颗灰尘，以及球台表面的每一缕纤维。当然，假如球与球台表面之间没有摩擦力，球的碰撞与散射将持续更久的时间，为了确定球最终会停在何处，我们必须更精确地知道它们的初始位置。

我们无法完全精准地知道或掌控初始条件及其他持续改变的影

响因素，同样情形也出现在其他更简单的系统中。例如，抛掷硬币时很难重复相同的动作，也很难一次又一次得到相同的结果。如果抛掷一枚硬币出现正面，要我以完全相同的方式再度抛掷，使它在空中翻转相同次数并再次出现正面，实在非常困难。

在打撞球与抛掷硬币这两个例子中，如果有完备的知识，我们可以重复完全相同的动作，并获得一致的结果。这种可重复性是牛顿世界随处可见的基本性质。然而，对初始条件的敏感性也在日常生活中随处可见。如果你在某天早晨上班途中做了某个决定，比如过马路前停顿了1秒钟，可能就错过遇见老朋友的机会，而他提供的信息会帮你找到新工作，进而改变你的人生；或者，你在穿越马路的过程中稍微迟疑了一眨眼的时间，结果可能被公交车撞上。在命定的宇宙中，我们的命运或许早已安排好，但却全然无法预测。

第一个将这些想法带给全世界，并且协助创造出“混沌”这个新概念的人，是美国数学家兼气象学家爱德华·罗伦兹；他在1960年代初期进行气候型态仿真时，意外发现这个现象。他使用早期的桌面计算机LGP-30进行运算，有一次，他想用相同的输入值重复进行仿真，便决定采用计算机所算出并在程序执行途中打印出来的某个数值。他将这个数值键入计算机，让程序再执行一遍。他以为计算机会得出与前一次模拟相同的结果，毕竟使用的数据是一样的，不是吗?

实际上并非如此。计算机的计算能力精确到小数点后六位数，但打印出来的数据只有四舍五入到小数点后三位。在最初的运算中，它使用的数值是0.506127，但打印出来的值是0.506，也就是罗伦兹第二次键入的数据。他以为这两个数值之间的微小差异（0.000127）只会导致运算结果产生些微的不同，不论程序重复执行了多长时间。但非常意外的，结果并不是这样。罗伦兹发现，些微的变化有时候会产生非常巨大的效应。这种模拟运算就是我们现今知道的"非线性行为"其中一例。这就是为什么长期的天气预测会如此困难，因为我们永远无法完全精确地掌握现实中所有影响天气的变量；就像撞球的例子一样，只是又复杂得多。如今，我们能在合理的可信度范围内预测未来几天是否下雨，但绝不可能知道明年的今天是晴是雨。

这个深刻的理解让罗伦兹创造出"蝴蝶效应"一词。一只蝴蝶的振翅将对随后发生的事件带来涟漪般微弱却又影响深远的效应。

这个想法最早出现在一篇题为《一声惊雷》（*A Sound of Thunder*）的短篇故事，由雷·布莱德伯里于1952年创作。这个点子被罗伦兹借用并加以推广，成为目前广为人知的概念：一只蝴蝶在某处拍动翅膀，几个月之后竟在地球另一头造成一场暴风雨。要特别在此澄清的是，这当然并不意味着飓风的生成仅来自单一蝴蝶的振翅，而是全球大气环境中数以兆计的微小扰动累积而成的效应；只要其中任何一个扰动改变或消失，飓风就可能不会发生。

混沌理论

"混沌"（chaos）一词在日常语言中，指的是非特定型态的无序与随机性，就像小朋友生日派对可能出现的混乱状态一样。在科学上，

"混沌"有着更具体的意义。它以毫不显眼的方式结合决定论与概率性；不过一旦了解，就会发现它完全合乎逻辑与直观。直到最近我们才体会到这点，可见这个效应有多么出人意表。以下是混沌行为的其中一种定义：如果一个系统周而复始地运作，不断重复同样的过程，但系统的发展却对初始条件的变化极为敏感，那么它在每一个重复的循环里都不会重现完全相同的状态，而是会随机演变，完全无法预测。

混沌并非真的是一种理论（虽然"混沌理论"已经成为常用名词，而且我也打算这么用）。它是自然界里无所不在的一种概念或现象，并促使科学界一个新的研究领域诞生，也就是听起来平淡无奇的"非线性动力学"。这个称号源自混沌系统的主要数学性质：因与果之间的关系并非线性（亦即不成比例）。我的意思是说，由于果是因造成的，在完全理解混沌之前，我们原本以为简单的因必然会导致简单的果，复杂的因才会造成复杂的果。简单的因能够产生复杂的果，这个概念则是始料未及，也就是数学家所谓的"非线性"。

混沌理论显示，有序与命定性能够衍生出随机的表现。事实上，这个理论告诉我们，宇宙仍然有可能是命定的，并且遵循基本的物理定律，尽管它经常展现出高度复杂、无序、而且无法预测的样貌。今日，在大多数科学领域中都找得到混沌现象的踪迹。它最早在我们试图理解气候变化时出现，如今我们发现它存在于星系内恒星的运动、行星与彗星绕太阳轨道的变化、动物族群的消长、细胞内的新陈代谢，以及人体心脏的跳动等。它还存在于亚原子粒子的行为、机器的运转、以及流经管路的液体与通过电路电子的紊流中。不过，它最容易透过计算机仿真以数学的形式呈现出来。用数学来模拟混沌最为直接，只需不断重复运算同一条方程式即可，但是计算机往往要有相当快的指令周期，才能负荷大量反复执行这些简单的步骤。

总而言之，如果我们暂且不考虑量子世界的随机性，混沌理论揭示，就我们所知宇宙是完全命定的，但却无法预测。这种不可预测性并非因为真正的随机性。宇宙所具有的命定性本质意味着：它遵守完备而明确的定律，其中有些定律我们已经发现，有些可能还没。宇宙的不可预测性则源自我们不可能将万物演变的初始状态掌握到无比精确的程度，除非是最简单的系统。运算的输入值总会存在某种些细微的误差，造成一连串不断扩大的涟漪效应，最终导致错误的预测。

混沌还有个引人入胜、甚至更重要的一面：从规律的动作出发，不断反复运用同一套简单法则所引起的混沌行为，可能会使原本平淡无奇、不具结构的形态产生出美丽而复杂的模式，给予我们原本所没有的秩序与复杂性。某个本来不具结构的系统自行演变之后，我们会发现结构与模式开始自动产生。这些发现开启了新兴的研究领域“涌现与复杂理论”，并且开始在生物学、经济学以及人工智能等众多学科中扮演举足轻重的角色。

自由意志——如果你真的想捉弄我，我永远无法猜出你接下来会做或说什么

关于自由意志的本质（以及拉普拉斯妖悖论），有许多不同的

哲学观点已经试图阐释，但这个问题离解决还远得很。我所要做的，乃是提供读者身为理论物理学家的一些想法。你可以自由选择是否同意——等等，你真的可以吗？我们身处于哪一种宇宙，这个问题有四种观点可供选择：

1. 决定论是对的，因此我们所有的动作都可以预测，没有自由意志，只有我们能够自由选择的错觉。

2. 决定论是对的，但我们仍拥有自由意志。

3. 决定论是错的，宇宙与生俱来就有随机性，允许我们行使自由意志。

4. 决定论是错的，但我们仍然没有自由意志，因为各种事件随机发生。与命定的情况相较之下，我们对于事件的发生与否并没有更多的控制权。

千百年来，科学家、哲学家与神学家们对于我们是否拥有自由意志不断进行思辩。在此我要将重点放在自由意志本质的某些方面，以及与物理的关联。我当然不会触及所谓的身心问题，也就是意识或人类灵魂的本质议题。

我们的大脑包含了一套神经网络，由数千亿个神经元构成，这些神经元借由数百兆个神经突触连接起来。已知的知识显示，我们的大脑就像是一部极端复杂的机器，运行着相当于计算机软件的指令，不过其复杂性与错综连结程度远超过任何当代计算机。这些神经元最终由原子组成，这些原子与宇宙的其他成分遵循相同的物理定律。因此，假使我们知道每个原子的位置，以及它们在任一时刻的状态，并且完全掌握它们如何交互作用，原则上就能知道我们的大脑在未来任何时间的状态。也就是说，只要有充分的信息，我就能预测你接下来要做什么或想什么。前提当然是你与外界毫无交互作用，否则的话，我也需要知道这些作用的一切细节。

如果原子不是遵循着诡异又充满概率性的量子法则，而我们的意识也不具有任何非物质的、精神的或超自然的层面（没有证据显示如此），那么我们将不得不承认自己也是牛顿机械式与命定式宇宙的一部分，一切举止都已事先注定好，无法改变。基本上，我们毫无自由意志可言。

因此，我们究竟有没有自由意志呢？虽然我们已经进行了许多关于决定论的讨论，我仍然相信答案是肯定的，我们依然有自由意志。有些物理学家认为，拯救自由意志的不是量子力学，而是混沌理论。我们住在一个未来原则上已经决定好的宇宙里。这其实无关紧要，因为只有当我们能从外部查看整个时空，才可以探知未来。对于意识嵌入于时空之中的我们而言，未来永远不可知。正是这种不可预测性，赋予我们一个未定的未来。对我们来说，所做的决定都是真实的抉择，而且由于蝴蝶效应，不同决策所带来的微小变化可能导致极为不同的结果，开启不同的未来。因此，基于混沌理论，我们的未来永不可知。你也许想说，未来已事先注定，我们的自由意志只是一种假象。不过重点还是没变：无限多种可能未来当中的哪一种得以实现，依然由我们的举动来决定。

让我们换个情况思考，不要由个人观点来观察周遭早已命定却又不可预知的世界，而改为研究大脑的复杂性及其运作方式。大脑是一个复杂的系统，包含所有思考过程、记忆、具有循环与回馈机制的错综神经网络等，而这类复杂的系统运作过程中无可避免的不可预测性，便赋予我们自由意志。无论我们认为是真正的自由，或者只是一种假象，其实都无关紧要。如果你真的想捉弄我，我永远无法猜出你接下来会做或说什么；无论如何，我不可能实际模拟你大脑中每一个神经元的活动，预测每个神经突触接点的变化，并重现你的意识心智中数以兆计的蝴蝶个别振翅；如果要推算出你的思绪，这些都是必须的。这就是你为何拥有自由意志的原因，就算大脑的动作极有可能完全命定，这个事实依旧无可改变——除非在这个议题上量子力学扮演比目前所知更重要的角色。

量子世界——是否最终有了随机性

量子力学作为亚原子世界理论，描述了大自然在最小尺度下所遵循的法则。该尺度下的物理与我们日常生活中的一切有着根本上的不同。我们是在20世纪早期开始发现，一个微观粒子（如电子）的运动不能用牛顿力学来描述。

如果对一颗电子施加某种力，例如启动一个电场，那么理当可以在某种精确度的要求下，找出它一秒钟后的确切位置。但事实是，我们无法做出如此明确的预测，而原因似乎远远不止是因为我们无法获知够精确的初始条件。牛顿运动方程式适用于硬币、撞球乃至行星等日常物体，在量子世界中却毫无用武之地。取而代之的是一套新的自然法则与数学关系式，它们描述一个看似全然随机的微观真实世界。看来我们总算为牛顿与爱因斯坦的宇宙中，听天由命、无从改变的决定论找到解药，因为我们在此看到的是真正的“非决定论”。

正如第二章所述，一个原子可能会进行放射性衰变，释放出一个阿尔法粒子，但我们无法预测它何时发生。根据量子力学的标准诠释，这并非因为我们无法得知所有的必要信息，像稍早所探讨的状况那样。事实证明，我们甚至无法预测原子何时会发生衰变，无论我们将初始条件掌握到多么精确的程度。某种意义上，这是因为原子本身也不知道衰变何时发生。这种不确定性似乎是大自然本身的一种基本特性，在此尺度下，物质表现出非常“难以掌握”的性质。

当然，放射性原子的行为并非全然随机，我们发现当全同原子（identical atoms）为数众多时，它们就会展现出统计平均的性质。某特定元素样品的半数原子完成放射性衰变的时间，称为该元素的半衰期，这个值是一个能够精确测量的物理量，前提是样品够大。

就好像抛掷一枚硬币多次之后，出现正面与反面的概率都会趋近于50%。丢掷硬币的结果之所以会出现概率性质，是由于影响这个命定过程的初始条件造成不可预测性；然而，对于原子而言，量子概率似乎根植于大自然本身，我们永远无法更贴切地描述这些现象，即便在原则上亦然。

于是，问题就变成：这种量子非决定性，是否能把我们从宏观世界中严苛无情的决定论拯救出来，将真正的自由意志还给我们？

有些哲学家认为可以。依我的卑微之见，他们错了。有两个原因让我做出这样的宣告：首先，近年来发现，在建立数以兆计原子复杂系统的过程中，量子模糊性与随机性丧失得相当快。一旦尺度回到我们认知中的牛顿世界，量子世界的诡异现象会在平均之后互相抵销，消失不见，回复到正常的决定论。

第二个理由除了是我的个人偏好，也无法排除其可能性。量子力学很可能不是整个理论的全貌，而且诸如放射性衰变这类过程之所以不可预测，的确是由于我们掌握的信息不足。可能我们欠缺的是对大自然更深刻的了解，好让我们预测特定原子何时衰变——即便实际上做不到，至少原则上要可行，正如更了解抛掷硬币的知识让我们可以预测其结果。如此一来，我们可能得在量子力学的范畴之外才找得到解答，或者至少得发展出量子法则的其他诠释才行。

爱因斯坦本人也抱持这种观点，他有句名言，“上帝不会玩骰子。”爱因斯坦不太能接受量子世界的随机性。虽然爱因斯坦版本的论点已经被证明是错的，但还有另外一种量子论的诠释方法与标准版本不相冲突，而且根据这种诠释，亚原子世界的行为完全是命定的。它由戴维·玻姆这位物理学家所提出，超过半世纪以来已广为人知。问题在于没有人找得到方法来验证此版本的量子论是否正确，无法确认或否定宇宙即使在亚原子尺度依然是命定的。

根据玻姆的理论，量子世界的不可预测性并非出于真正的随机性，而是由于某些我们无法获取的信息，少了这些信息我们就无法做出准确的预测。量子世界之所以不可预测，并非因为我们无法深入测量，也不是因为量子蝴蝶效应以及对于测量精度的敏感性，而是因为我们根本无法在不干扰亚原子世界的情况下进行探测。光是“看”电子正在做什么，我们就已经无可避免地改变它的行为，使预测失准。这有点像是要你用手从一杯水底部取出一枚硬币，却不让手指沾湿一样。在玻姆版的量子论里，宇宙中每一个粒子都带有一个支配其运动的量子力场；一旦我们对这个粒子进行测量，就等于破坏了它的力场，因而改变了该粒子的行为。我们仍然不知道这种量子世界的叙述是否正确，而且或许永远都不会知道。

总结

我们从拉普拉斯妖出发，讨论了许多相关的议题。虽然本章一开始所设下的悖论似乎相当容易破解，它却衍生出一系列攸关命运与自由意志的有趣问题。看起来，我们之所以永远无法预知未来，并非因为随机性，而是因为不可预测性，即便大自然遵循明确命定的寻常法则。对于某些人来说，这种不可预测性已经足够让我们拥有一些貌似自由的选择。而量子力学虽然是在最小的尺度上定义的，却有可能提供真正的随机性，即便这种看法仍备受争议。

一旦涉及人类大脑的运作，没有人能确定下一个突破何时会到来。说不定，未来甚至有可能发现量子世界的概率本质会直接影响宏观世界，特别是在活体细胞内，也许在大脑。我们已破解拉普拉斯妖的悖论，却尚未能完全回答这些问题。

第九章

薛定谔的猫

THE PARADOX OF SCHRÖDINGER'S CAT

箱子里的猫既是活的又是死的，直到我们看到它

1935年，量子力学的鼻祖之一、奥地利天才薛定谔终于受够数学上的怪异诠释。经过与包括爱因斯坦在内的同僚漫长的讨论之后，他提出科学史上最著名的一个臆想实验。他撰写了一篇题为《量子力学现况》(*The Present Situation in Quantum Mechanics*)的长篇论文，发表在一份顶尖的德文科学期刊里。这篇文章自此被昵称为“薛定谔的猫”；许多人曾经绞尽脑汁试图凸显或破解这一则薛定谔所述的悖论，包含量子物理学家在内。这些年来，许多独具想象力的奇特解答陆续被提出，包括向过去的时刻发送讯息，以及意识心智的力量足以改变事实存在等。

薛定谔提出的问题是，如果将一只猫跟一部盖格计数器以及少量的放射性物质一起放在一个密闭箱子里一段时间，会发生什么事。由于放射性物质的量极少，有50%的概率在1小时内只会有一个原子

产生衰变，并释出一个亚原子粒子，例如阿尔法粒子。假如发生这种情况，将会触发盖格计数器，经由继电装置启动锤子打破一只小烧瓶，将氢氰酸释出到盒子里，立即置猫于死地（我想无需说明这类实验从未实际执行过，这就是为什么它被称作"臆想实验"）。

图9.1 薛定谔的猫装置图

正如我们上一章所提到的，放射性原子衰变发生的时机，是一种甚至在原则上也无法事先预测的量子事件。根据量子力学另外两位开山祖师玻尔与海森堡所提出的标准来诠释，这并不是因为我们无法掌握预测所需的所有信息，而是因为在量子的层次上，大自然本身就不知道衰变何时会发生。许多人相信，这种随机事件能让我们幸免于上一章所提的牛顿决定论。我们只能推断，经过一段时间（与物质的放射性半衰期有关）之后，原子有某个概率会产生衰变。当箱盖盖上的那一刻，我们确知原子尚未衰变。之后，我们不仅不知道原子是否已产生衰变，而且还被迫将放射性样本中的每个原子描述成同时处于两种态——已衰变和未衰变，前者的概率随着时间增加，后者随着时间减少。我必须强调，这并不是由于我们无法得知箱子里发生什么事。我们被迫接受这种描述，因为这就是量子世界的运作方式：只有当原子与其他物质存在于如幽灵般的中间态时，微观世界才能被我们所理解。如果原子不是这样表现，我们恐怕就无法理解微观世界了。

只有在上述情况确实为真时，许多物理现象才得以获得解释。例如，要了解太阳如何发光，我们必须借由这些奇特的量子行为来说明其内部热核融合反应的过程。日常宏观世界中的物理定律常识并无法解释原子核如何融合在一起，使太阳散发出热与光。假使没有这些热与光，我们当然不可能在地球上生存。如果原子核的表现不按照量子规则，所带的正电荷会在彼此之间建构出一道斥力场屏障，它们便永远不可能靠近到足以进行融合。正是因为它们表现得像一团晕开的量子物质，所以可以彼此重迭，偶尔还会发生两者位于力场屏障同一侧的情况。

当薛定谔领会到量子世界是如此奇特后，他认为：猫也是由原子组成的，而每一个原子都遵从量子力学的法则；当猫被放在箱子里，其命运便与放射性原子纠缠在一起（术语叫做“缠结”，entangled），也应该适用相同的量子法则。如果原子未产生衰变，猫就会存活下来；如果发生衰变，猫就死了。如果原子同时处于这两种态，猫也必须同时处于两种态——活猫态和死猫态。这意味着，猫既不是真的活着也不是真的死了，而是处于一种模糊的、非物理的、介于两者之间的状态，只有当箱子打开，猫才会出现两种态的其中一种。这就是标准量子力学所告诉我们的，听起来像无稽之谈，毕竟我们从来没有看过这种既活又死的猫。量子物理却告诉我们，在亲眼目睹之前，我们必须用这种方式来描述猫的状态。

不论这个异想天开的概念听起来多么荒唐，请读者务必相信，它并不只是长时间浸淫在方程式中的理论物理学家们所得到的疯狂结论，而是科学上最强大而可靠的理论所做出的严谨预测。

当然，我希望你会认为，猫必然是死的或是活的，我们把箱子打开并不会影响其结果。问题不就出在我们无从得知箱内已发生的状况（或未发生的状况）？没错，这正是薛定谔想要凸显的重点。

尽管薛定谔对于新理论贡献极大（量子力学中最重要的方程式就是以他的名字来命名），他仍然不甚满意；甚至在1920年代，他光是在这些议题上就与玻尔及海森堡数度进行争辩。

不论对非物理学家的普罗大众解释得多么仔细，量子力学听起来依旧令人费解，甚至不切实际。但不论在逻辑上或数学上，规范量子行为的定律和方程式都是明确而完整的。就算许多量子物理学家自身未必满意方程式中的抽象符号与真实世界产生链接的方式，量子力学中丰富的数学架构依然非常实用且精确，无庸置疑地反映出这个世界的根本事实。我们能否在保留量子力学及其诡异性质的前提下，破解猫的悖论？如果无法解开这个谜题，又会如何？一路走来我们已经战胜许多强大的精灵，不该在这里被一只小猫击败。

埃尔温·薛定谔

1925年至1927年间，科学面临空前绝后的革命。当然，科学史上也有其他伟大的时刻，例如哥白尼、伽利略、牛顿、达尔文、爱因斯坦、康普顿·克里克及华生等人的新发现，从本质上改变我们对于这个世界的理解。但我认为，这些伟大天才们改变科学的深远程度都比不上量子力学。这个领域在几年的时间里发展起来，并且永远地改变我们对现实存在的看法。

我来简单介绍一下1920年代初期物理界的情况。当时已知所有的物质由原子组成，科学家们对于这些原子内部的构造以及其组成也已经有粗浅的了解。由于爱因斯坦的贡献，我们知道光既能够表现出粒子流的性质，也可以像蔓延开来的波，依所建立的实验装置是针对光的何种性质而定。同时也有愈来愈多证据显示，物质粒子（例如电子）同样可以呈现出这两种相互矛盾的性质，尽管非常怪异。

1916年，玻尔从曼彻斯特凯旋荣归，回到哥本哈根。他在曼城时曾协助欧内斯特·卢瑟福建立一个原子内的电子如何环绕原子核运行的理论模型。几年之后，在嘉士伯啤酒商的赞助下，他在哥本哈根成立了一间新的研究机构。在获颁1922年诺贝尔物理学奖的殊荣之后，他开始找来一些当代最伟大的科学天才。这群“后起之秀”

当中最有名的当属德国物理学家海森堡。1925年夏天，海森堡在德国赫里戈兰岛治疗他的花粉症，逐渐康复的同时，他也在建构描述原子世界所需的新数学并取得重大进展。这是一种奇怪的数学，它所告诉我们关于原子的一切则显得更加不可思议。例如，海森堡认为不仅在不进行测量时，我们无法指出原子电子确切的位置，即便进行测量，电子本身也不会有一个明确的位置，而是一团难以掌握的模糊状态。

海森堡被迫得出这样的结论：原子世界是一个虚幻的半真实世界，只有当我们建立一套测量仪器去探测它时，才能将它转化为具体而清晰的存在。即使如此，仪器也只能显示测量所针对的性质。

在没有详述太多技术细节的前提下，测量电子位置的仪器确实会找出电子的位置，而另一套测量电子运动速度的仪器也会提供确切的答案，但却不可能在实验中同时测出电子的确切位置及其运动速度。这个想法即是著名的海森堡测不准原理（Heisenberg Uncertainty Principle），迄今仍然是科学上最重要的概念之一。1926年1月，大约在海森堡发展这些构想的同时，薛定谔发表了一篇论文，提出另一种数学方法来描绘原子的不同图像。

他的原子理论表明，环绕原子核的电子并非位置模糊而不可测知，它其实像是原子核周围的一种能量波。电子之所以没有明确位置，是因为它并非是一个粒子，而是一种波动。薛定谔想要区分下面两者：电子看起来是一团模糊晕开的图像，与电子是一团清晰可辨的云雾。在这两种情况下，我们都无法指出电子的明确位置，但薛定谔倾向

图9.2　氢原子中唯一的电子环绕原子核的三种表述图像

（a）根据卢瑟福（1911年）

（b）根据海森堡（1925年）

（c）根据薛定谔（1926年）

认为电子其实是散布开来的波，直到我们查看它为止。他的原子理论被称为“波动力学”，其著名的方程式用来描述这些波动如何随着时间以完全命定的方式演变。

时至今日，我们已经学会用这两种方式来看待量子世界——海森堡抽象的数学方法，以及薛定谔的波动方式。这两种表述方式都没有问题，学生也都会学到；量子物理学家则根据手边欲解决的问题形式，轻易地在这两种表述之间转换。而且，这两种理论都对这个世界的物理现象做出相同的预测，并与实验结果完美吻合。其他量子物理先驱如沃尔夫冈·泡利和保罗·狄拉克也曾在1920年代晚期指出，这两种理论在数学上是完全等价的，差别只在于用哪种理论描述原子所对应的特殊性质较方便而已。情况类似用两种不同的语言描述同一件事。

量子力学作为一种数学理论，尽管已经极为成功地诠释微观原子世界的结构，以及从电子、夸克、到微中子等构成物质的各种要素，它仍然有一些尚未解决的问题，包括我们应如何诠释数学，以及量子世界如何放大成为我们所熟悉及居住的宏观世界。后者正是薛定谔在他的悖论中凸显的问题。

量子叠加

整个故事还缺了一个重要的环节。我要求读者思考猫的问题；他由数以兆计的原子所组成，能同时处于存活与死亡两种态。但我同时还期望你仅基于量子世界的怪异性，就接受单一原子可同时处于两种态的概念。因此，我想我最好先解释清楚物理学家为何如此确定原子是这样表现的。

量子物体“同时做两件（或更多）事”或者“同时位于两处（或更多处）”的特性，严格的说法叫做“叠加”（superposition），而这个概念可能不如你想象中陌生。事实上，叠加并非量子力学独具的性质，而是一般波动都会有的特性。在水波的例子里，这个特性最为明显。想象我们正在观赏奥运会的跳水比赛。当选手跃入水中，你会看到圆形的波纹由入水点一路向外扩散到水池边。这与泳池中挤满了戏水的人潮时，到处水花飞溅的状态呈现鲜明的对比。

许多扰动加总在一起的效应，让水面波澜四起。这种将不同的波累加起来的程序便称为叠加。

考虑许多波的重迭是相当复杂的，只考虑两个波的叠加就容易许多。设想两颗石头同时落入一潭止水中，一颗从你的右手，另一颗从左手。每一颗石头入水后都会产生向外扩散的圆形波纹，并且与另一颗石头引起的波纹重迭。如果拍摄一张这种叠加的快照，你将会观察到复杂的图案，并且在某些位置出现两种极端不同的状况：在某些位置，两个波的波峰会累积成更高的波（称为“建设性干涉”）；在另外一些位置，其中一道波的波峰则会完全被另一道波的波谷抵消，使该处的水面暂时平静下来，彷佛没有波通过一样（称为“破坏性干涉”）。请记住以下观念：两个波的扰动经过叠加后有可能彼此抵消。

接着，我们来看这种现象在量子世界中的对等行为。我们在第五章讨论光及其波动如何在宇宙中传递时，曾提过一种叫做干涉仪的装置，能够将两道波迭合在一起，显示两者之间的建设性或破坏性干涉。在干涉仪里输入单一波动，就能产生某种可观测信号；经过调整之后，可以让输入的第二道波与第一道波产生破坏性干涉，让信号消失。这清楚证明：输入干涉仪的信号具有波动性。

现在我们要进入真正精彩的部分了。某些类型的干涉仪可以侦测亚原子粒子（例如电子）的出现。这些粒子可经由某种装置将其行进路径一分为二，使它们循着两条不同的路径前进，直到最后再次汇集。如果把这类装置设计成可以接收光束，它的功能就显而易见：光可透过一个名为"半镀镜"（half-silvered mirror）的装置分为两束（一片半透明的玻璃，能使一半的光透过并沿着其中一条路径前进，另一半的光则被反射，走另一条不同的路径）。这个装置能够使原本的一道光束变成两道。这两道光束（或光波）在装置里沿着不同的路径传递，最终再度交会并在彼此之间产生干涉；干涉的结果则取决于各自行经路径的精确长度。如果两条路径长度完全相同，两道光波就会完全重合，称之为"同相"（in phase）；但如果它们再度交会时是"不同相"（out of phase），在某些地方就会发生破坏性干涉，这些地方就像没有光照射到一样。要记住的重点是，只有在两个波彼此重迭时，会产生这些结果。

以下是量子世界真正令人震惊的性质。如果将一颗电子输入类似的装置，迫使它在两条路径中择一（例如，利用磁铁或带电导线使它偏向其中一个方向），那么我们看到的将不是常识所预期的。

电子不会沿着其中一条路径行进，而是出现类似光波的表现，借由某种方式分成两半，同时沿着两条路径传递。我们怎么知道会这样？当一颗电子表现得像两束通过该装置的光时，我们在两条路径再度交会之处所看到的结果，正好符合预期的干涉图形。量子力学诞生后，物理学家就一直试图厘清粒子（例如电子）如何做到这一点。他们似乎真的能同时沿着两条路径行进，否则我们就不会看到像波一样的建设性与破坏性干涉行为。事实显示，当我们没有进行观察时，必须将量子物体描述成波，这正是量子理论所预测的。但是一旦我们进行观测，例如在干涉仪的其中一条路径上安装某种侦测器，我们不是观测到电子行经该路径，就是未观测到任何信号（亦即电子走另一条路）。换句话说，当我们在电子传递过程中对它进行测量，就只会看到电子取道两条路径之一。因为在这么做的同时，我们无可避免地会干扰它的量子行为，使任何类似波的干涉特性消失。这时电子已不再同时沿着两条路径行进，所以这一点也不奇怪。

我们得到的启示如下：在量子世界中，事情的发展取决于我们是否进行观察，结果会有很大的不同。当我们不观察时，它们处于叠加态，能同时做两件以上的事。一旦我们进行观察，就会立即迫使它们在各种选项之间做出选择，呈现合乎常理的结果。关在箱子里的放射性原子与猫，确实是两种量子态的叠加，同时是已衰变与未衰变。这并不是因为我们无法掌握信息，所以必须“容许”它可能处于任一状态，而是因为它确实是两者虚幻般的结合。

测量问题

能够用数学方程式描述原子的表现无疑是件好事，不过一个半吊子的科学理论，顶多只能涵盖有关现实世界的预测，以及为了验证这些预测所进行的实验结果。量子力学则描述我们没有观测之下原子世界的运作（是种相当抽象的数学表述），但若我们决定进行测量，它也能对测量结果做出令人惊讶的准确预测。不过，从不在观察之下到使用测量装置，所得到的结果如何从前者转换到后者，仍是未解的谜。这就是所谓的测量问题。这个课题可以直述如下：原子及其同类如何从一个局限于微小区域的粒子化身为数个蔓延开来、波动型态的自己，而且在我们查看时又能迅速彻底变回微小的局域性粒子？

即使量子力学获得巨大的成功，它并未告诉我们，如何从描述电子环绕原子核运行的方程式过渡到对电子进行具体测量所获得的结果。基于这个原因，量子力学的鼻祖们特别量身制订了一套法则，作为量子论的补遗，称之为“量子力学基本假设”。这些假设犹如某种说明书，告诉我们方程式导出的数学预测如何对应到我们观察所得的具体性质，例如电子在任一时刻的位置。

至于电子转眼间从“在此处以及他处”转变成观察之下的“在此处或者他处”，其实际过程究竟为何并不为人知；但大多数物理学家一直乐于采用由玻尔所提出的务实观点——它就是这么发生了，他称之为“不可逆的扩大过程”。不可思议的是，对于20世纪多数的专业量子物理学家而言，这种观点就够用了。玻尔在量子世界（怪异事件可于其中发生）以及我们所处的宏观世界（一切事物的表现都是合理的）之间，任意地做出区别。侦测电子的仪器设备显然是宏观世界的一部分；但这种测量过程究竟如何发生、为何发生、以及何时发生，玻尔并未厘清。这正是薛定谔所提出的问题——微观与宏观之间的分界究竟何在？我们认为，界线显然落在原子与猫这两个尺度之间的某处。果真如此的话，我们该如何界定这种区隔？毕竟猫本身也是原子的集合体。换言之，不论是盖格计数器、干涉仪、一部具有各种旋钮和转盘的精密仪器，甚至是一只猫，任何测量装置终究都是由原子组成。那么，在受到量子定律规范的量子尺度，以及测量仪器所在的宏观世界之间，我们要如何划分界线？构成测量装置的究竟是什么？

在充满大型物体的日常世界中，我们一向理所当然地把各种物体所呈现的样貌当作其“真实形态”。我们如果看见某样东西，表示光从那样东西进入我们眼里。然而，如果在我们希望看到的物体上打光，当光线投射其上再反射时，将会造成干扰并使其状态产生细微的改变。当我们看着大型物体，例如汽车、椅子、人，甚至在显微镜下观察活细胞，都不会带来任何问题，因为光粒子（光子）与被观测物体之间的碰撞并不会产生任何能被我们察觉到的效应。但是，如果我们观测的是量子物体，由于它们本身尺度跟光子一样小，情况就不同了。每个作用力会产生大小相等且方向相反的反作用力。为了“看见”电子，我们得让光子从它身上反射出来，如此一来就会将电子从它原本的路径上撞开。

换句话说：为了获得某个系统的信息，我们必须对它进行测量，但在此同时，我们往往也无可避免地改变了它的状态，导致我们无法观察到它真正的性质。在不试图证明量子测量的微妙性之下，我试着用简单的词汇解释关于测量的概念。希望这能帮助读者理解。

让我们暂且先喘口气，回顾一下到目前为止谈过的。我们知道量子世界难以掌握，总有些事情偷偷摸摸地发生；这些现象不仅在我们日常世界中不可能发生，而且还难以捉摸，让我们无法透过测量去掌握。一旦打开薛定谔的箱子，我们总会发现一只活的或是死的猫，而不是这两种状态的叠加。这么看来，我们并没有更接近悖论的解答。

孤注一掷的尝试

那么，物理学家对于薛定谔的论文有何反应呢？玻尔和海森堡并不认为，盒子打开之前的猫确实同时处于死的与活的两种状态。

他们并未提供这个悖论的合理解答，反而借由一个巧妙的论点回避它。他们坚称，在打开盒子并查验内容物之前，我们无法对猫下任何评断，甚至连赋予它一个独立的现实存在都不行。“猫是否真的同时既死又活”并不是一个恰当的问题。

他们所持的理由是，当箱子是封闭的，我们根本无从讨论猫的“真实”状态。我们只能检视，方程式如何预测箱子打开时我们会发现什么。量子力学无法告诉我们箱子里头发生的事，甚至无法明确告诉我们打开箱子会发现什么；它只能预测我们发现猫死亡或存活的可能性。如果真的进行这种实验并且重复多次（牺牲许多只活猫），量子力学的预测就会是正确的（就像我们得多次抛掷硬币才能确认，正反两面出现的统计概率各为50%）。这种量子概率非常准确，但唯有坚信原子处于两种态的叠加，我们才能算出以上的结果。

多年来，即便未能解释量子诡异性，许多物理学家还是尝试找出量子世界运作的方式；为了解决薛定谔的猫这个难题，有些非常奇特的建议被提出。其中一个构想称为交换理论（transactional theory），不仅牵涉到跨空间的瞬时连结（光是这点就已经够严肃了），还有跨时间的连结。根据这种观点，打开薛定谔箱子的动作会向过去传递一道讯息，通知放射性原子“决定”是否进行衰变。

有一阵子，大家甚至喜欢把意识心智加入测量，迫使量子世界转换到宏观世界，认为意识的某种独特性能够驱动“不可逆的扩大过程”，导致量子叠加消失。毕竟没有人知道，具有叠加性质的量子世界和具有确切测量结果的宏观世界之间的界线在哪里；或许等必要时，再划出一条界线即可。既然测量装置（例如侦测器、屏幕、猫）本身也是原子的集合体，其行为也应该与其他量子系统一样。不过因为它非常庞大，当我们的意识心智认知这点之后，便被迫弃用量子的描述。

在人类意识的层次上，订出被测量物与测量者的分界，此举与哲学家所谓的“唯我论”没有两样——观测者是宇宙的中心，一切事物都是他（她）凭空想象出来的。还好，这种观点已在多年前遭到扬弃。不过有趣的是（有时候也挺令人振奋），仍有许多不是物理学家的人主张，因为我们尚未完全了解量子力学本身或者意识的起源，这两者之间必然存在某种意想不到的关联。这种臆测虽然好玩，但在严谨的科学领域中还未能占有一席之地。

那么猫呢？它是否不具意识？它在箱子里难道无法进行“观测”？有一个显而易见的方法可以检验这个观点。如果将猫换成一位自愿受试者，并且将致命的毒药换成只会导致自愿者失去意识的药剂，情况会变得如何呢？（我们其实也可以用这种方式进行猫的实验，是吧？）当箱子打开时会出现什么？显然，我们不会看到自愿者同时处于清醒态与昏迷态；在放他出来之前，我们也无法说服他正处于这两种态的叠加。如果他是清醒的，他会回报在整个过程中除了有点紧张之外，大致上觉得还不错。如果我们发现他已昏迷，在恢复意识后，他可能会告诉我们，在箱子关上后十分钟他就听到装置启动的声音，并且开始感到头昏。接下来就跳到被嗅盐唤醒的画面了。尽管单一原子能够处于量子叠加态，但自愿者显然不行。由于自愿者没什么特点（他的意识本来就具备测量的资格，不管他是否有博士学位或穿着白色实验衣），我们恐怕无法在他与猫之间找出任何其他明显的区别。因此，我们被迫得出以下的结论：在箱子打开之前，我们并没有任何理由将猫描述成既是死的又是活的，除非有其他只有猫才知道的理由。

量子漏失

如果猫根本就不可能处于不同态的叠加，那么微观的量子世界与我们的宏观世界之间的分野，显然会更倾向量子的那一端。让我们更仔细地来探讨一下所谓“测量”是什么意思。

想想埋藏在地底深处岩石里的铀元素所经历的状况。在非常罕见的情况下，这种原子会自发性地分裂成两个较轻的碎片并飞散开来，同时释出大量的能量。这些能量就是核反应堆所产生的热，可转换成电力。这些原子核的碎片大小大约是原本铀原子核的一半，它们生成时紧紧挨在一起，但会往任何方向飞散开来。量子力学告诉我们，在进行测量之前，我们必须假设每个碎片可能往任何方向飞开。如果我们把它们看成是波而不是粒子的话，就很容易理解这点，就像石子落入池塘后激起扩散开来的水波一样。但我们知道，这些核分裂的碎片其实会在岩石里留下细微的轨迹，在有些矿石里甚至用显微镜就能观察出来。事实上，研究这些长度只有千分之几毫米的轨迹，在岩石的放射性定年法中是相当有用的技术。

重点在于：由于这些轨迹是在量子世界中产生的，在进行测量之前，我们必须描述它们出现（如果铀原子核裂变）与未出现（如果未裂变）的状态同时存在。如果铀原子核已裂变，我们的描述就会马上变成这些轨迹出现在所有方向上。但是，构成测量的要素是什么？难道，岩石原本处于化外之境，里面的轨迹同时存在也不存在，直到我们用显微镜观察？当然不是这样，这些岩石里要不是有轨迹，就是没有，无论我们是在今天对岩石进行分析、在100年后进行，或是永不进行。

对于量子世界的测量必然时时刻刻地在进行，而具有意识的观察者（无论他们是否穿着实验衣）在测量中显然并未扮演任何角色。正确的定义应该是，当发生的“事件”或“现象”被记录下来时，测量就已经发生。比方说粒子留下一条轨迹，好让我们稍后想做观察时能看到它。

这点似乎显而易见，所以如果你觉得量子物理学家怎么可能蠢到去思考别的可能，也情有可原。但话说回来，量子力学的一些预测确实是合理的；我们需要的是厘清如何记录量子世界的事件，也就是当量子的诡异现象（同时往两个方向移动，或是同时进行与不进行某些事）发生漏失时。

在1980年代和1990年代，物理学家们开始领悟其中的道理。他们思索以下的情况：假设一个孤立的量子系统（例如单独的原子）不再怡然自得地以遗世独立的叠加态继续存在，而与宏观的测量装置产生耦合。这些装置甚至可以是周遭环境，例如岩石。依照量子力学的规范，构成测量装置或岩石的数以兆计原子也必须以叠加态存在。然而，这些精细的量子效应太过复杂，在如此巨大的宏观设备中无法维持，于是便漏失了，就像热能从高温物体散逸掉一样。这个过程称之为“退相干”（decoherence），目前各种讨论与研究便是针对这个课题。其中一种理解的方式是，巨观系统内的原子之间各种可能交互作用的组合，会产生为数惊人的叠加态，于是个别的精细叠加态便无可挽回地遗失了。回复原来的叠加态有如将一副扑克牌“逆洗牌”，但困难度又高得多。

现今许多物理学家将退相干当成宇宙中无时无刻、无所不在的真实物理过程。当一个量子系统不再孤立于周遭环境（可以是一台盖格计数器、一块岩石、周围的空气分子乃至于任何物体；不需涉及具有意识的观察者），这个过程便会发生。如果它与外部环境的关联够强，原有的精细叠加态丧失的速度就会非常快。事实上，退相干是整个物理界中最迅速且最有效的过程之一。这种卓越的效率正是退相干的过程之所以能逃过科学家法眼这么久的原因。直到现在，物理学家才开始慢慢知道如何控制与研究它。

即使我们尚未完全了解退相干的过程，但我们至少可以开始厘清这个悖论了。我们之所以不会同时看到薛定谔的猫死了又活着，是因为远在我们打开箱盖之前，退相干就已经在盖格计数器里发生了。盖格计数器能够记录原子是否衰变，所以它迫使原子做出决定。在任何给定的时间间隔里，原子不是产生衰变，使盖格计数器记录到它，引发最后置猫于死地的一系列事件；不然就是未产生衰变，盖格计数器也没记录到任何事件。一旦我们从量子世界的叠加态中探出头来，我们就回不去了，只剩简单的统计概率可用。

2006年发表的一篇论文里所进行的一项简洁实验中，两位剑桥科学家罗杰·卡本特与安德鲁·安德森证实，量子叠加的坍缩与量子诡异现象的漏失确实发生在盖革计数器的使用上。不过这个实验并未受到关注，也许因为大多数量子物理学家认为，在这方面已经没有任何悬而未决的难题。

看来，退相干不仅告诉我们为何不会看到薛定谔的猫同时活着且死了，而且也开宗明义地说明为什么猫不会处于这种中间态。当然，退相干并没有告诉我们量子系统怎么选择某个选项。量子力学依然具有概率的性质，个别测量的不可预测性并未消失。

至于两个选项当中的任一个是如何被选到的，如果你相信多重宇宙理论，就不需要特别解释了——在某个宇宙里猫会死亡，在另一宇宙里则会存活。一旦你打开盒子，就等于找出你处于哪个宇宙里：死猫的宇宙或活猫的宇宙。无论你在哪个宇宙中，总有另一个你在其他的宇宙里打开盒子，发现别的结果。简单明了，对吧。

第十章

费米悖论

FERMI'S PARADOX

外星人都上哪里去了

意大利裔美国物理学家，也是诺贝尔奖得主的恩里科·费米对于量子力学与原子物理有许多重要贡献。他在1940年代早期建立第一座核子反应炉，亦即芝加哥一号反应堆（Chicago Pile−1）；两种基本粒子的其中一种以他的名字命名，即“费米子”（另一种是玻色子）；甚至有一种长度单位叫做“费米”，也是以他为名，是极其微小的“飞米”的别称，等于1毫米的一兆分之一，是核物理与粒子物理常用的尺度单位。但本章所要讨论的，是费米于1950年提出的一个问题，与他的亚原子物理研究没有任何关联。它是最深刻也是最重要的一则悖论，因此我保留到最后一章来探讨。

费米提出的著名问题来自某一次午餐时间与几位同事的对话，当时他正在新墨西哥州的洛斯阿拉莫斯国家实验室进行夏季访问，那里也是原子弹以及曼哈顿计划的故乡。他们之间的交谈围绕着有关飞碟的轻松话题，以及飞碟是否可能超过光速航行，从遥远的星系来到地球。费米悖论的叙述如下：

宇宙的历史如此漫长，幅员如此辽阔，光是银河系就有数千亿颗恒星之多，其中许多恒星拥有各自的行星系统。因此，除非地球具有蕴育生命的条件而独具一格，否则宇宙中应该处处可见具有高度智慧文明的类似星球，其中的许多文明可能已发展出太空技术，并且已经造访过我们。

那么，他们究竟到哪儿去了呢？

费米认为，如果太阳系并非唯一包含一个以上适合居住行星的星系，对于其他任何稍具扩张野心以及完备太空技术的外星文明而言，显然有充裕的时间完成整个星系的殖民任务。他与同事共同估计，任何族类要达到此一目标约需耗时1000万年。尽管这看起来似乎是一段漫长的时间，而且只是个稍嫌粗略的估计，然而要注意的是，这段过程只占了整个星系年龄的一小部分（在本例中约占1‰）——别忘了智人（Homo sapiens）仅存在20万年左右。这则悖论可以简化为以下两个问题：

- 如果生命并不特别，那么其他外星生命究竟在哪里？
- 如果生命非常特别，那么为什么宇宙微调得如此恰到好处，让生命只出现在地球上？

如果我们星球上的生命在最恶劣的环境中也能繁衍茁壮，为什么在其他类地行星上不会发生类似的事？也许问题不在于生命出现之后的繁衍，而是生命如何产生。在探讨这则悖论及相关议题是否已被科学家破解之前，我们先大略浏览一下最常被想到的解答。

1. 外星生物的确存在，并且已经造访过我们。由于我们并没有合理证据支持幽浮爱好者和阴谋论者天马行空的幻想，基于这个正当理由，我会排除这个选项。不过许多人仍然相信外星人已经乘着飞碟抵达，不论在数千年前短暂停留，建造金字塔之后再度离去，或者至今仍停留在地球上，绑架无辜受害者进行离奇的实验。

2. 外星生物存在于某处，但尚未与我们接触。我们可以想出许多高等外星文明为何不让我们发现其存在的理由。比方说，也许他们不希望向星系的别处散播存在的讯息（不像我们人类），也许他们并不打算搭理我们，直到我们的科技够进步，具备加入银河系俱乐部的资格为止。这当然是假设所有外星文明的思考逻辑都与我们很相近。

3. 我们探索的方式不对。50年来我们一直在监听来自外层空间的讯号，迄今仍未侦测到任何讯息。但或许我们并没有朝向太空的正确区域探索或调整到正确的频率；不然就是信号与讯息已经送达地球，但我们尚未成功解码。

4. 别处的生命正不断消失。我们可能不明白地球上的生物何其幸运。其他恒星系统里适合孕育生命的行星，可能得定期承受各种毁灭性的行星、恒星或星系事件，诸如冰河时期、陨石或彗星的撞击、巨大的恒星闪焰或伽玛射线爆等。在此类事件频繁发生之处，生命没有足够的时间演化出有智慧、有能力进行太空之旅的物种。不过情况也可能相反，其他星球上的环境过于舒适，他们无需经历大规模灭绝；这类灭绝过程被认为是生物多样性的推手，由演化中诞生出智慧。

5. 自我毁灭。有人认为宇宙中的所有智慧生物将不可避免地自我毁灭，不论是因为战争、疾病或对居住环境的破坏，发生的时间点大约在科技进步到能够进行太空旅行时。如果属实，这对我们而言将是一记警钟。

6. 外星人实在太……怪异了。我们很容易假设外星人与我们相近，拥有我们想象得到的未来科技。有很好的理由支持这种想法，因为各种生命都必须遵循物理定律并受其规范，不过也有可能我们根本无从设想与我们截然不同的智慧生物。当然，我的意思并不是指他们的长相都像电影中的ET 一样，而是我们倾向于假设他们也是碳基（carbon–based）生物，拥有肢体与眼睛，并且透过声波彼此沟通。

7. 我们确实独自存在于宇宙中。也许生命发生所需的必要条件非常稀有，只出现在少数几处地方，而地球是唯一孕育出能够驾御大自然的智慧生命的星球，人类能向宇宙发送自己存在的讯息。也许地球真的是唯一一个有生命的地方。

以上所有可能性都只是猜想，其中多半是没有根据的臆测。费米个人的观点则是，即使智慧生命极有可能存在于银河系的其他地方，但由于星际旅程之远与耗时之久，在光速的限制下，没有任何文明认为值得费时费力来造访我们。

费米没有考虑到的是，即使技术先进的外星人从来没有离开过他们的星球，我们或许依然能够发现他们的存在。毕竟我们已经向外层空间宣告我们的存在长达一世纪之久。从我们使用无线电和电视向世界各地播送讯息开始，这些信号就一直外泄到太空中。或许有某个数十光年外的外星文明，碰巧将他们的电波望远镜指向我们的太阳，进而接收到许多微弱而复杂的微波信号，这些信号正是环绕太阳的其中一个行星上具有生命的迹象。

假设同一套物理定律放诸宇宙各处皆准，而电磁波是宇宙中传递讯息最简单也最通用的方法之一，我们便可预期其他科技发达的文明，在其发展过程中的某阶段也会采用这种通讯方式。一旦如此，他们的信号也会外泄到太空中，以光速在星系内传播。20世纪的天文学家们很快地便开始认真考虑使用新建的无线电波望远镜监听太空信号的可行性。这种对于外星智慧生物的严谨探索，是从某个人开始的。

德雷克及其方程式

第一位真正的ET猎人是天文学家弗兰克·德雷克，他任职于西维吉尼亚州绿堤的国家电波天文台。他在1960年进行了一项实验，透过监听无线电频段的电磁波信号来寻找遥远恒星系统的生命迹象。这个计划称为奥兹玛（Ozma），取材自弗兰克·鲍姆所著的儿童读物中，翡翠国统治者奥兹玛公主的名字。

德雷克将他的无线电波望远镜指向太阳系附近两个类日恒星，鲸鱼座 τ（Tau Ceti）和波江座 ε（Epsilon Eridani），分别距离地球12光年和10光年，两者看起来都是可能拥有适居行星的合理候选恒星。

他调整碟盘天线撷取某特定频率的无线电波信号——由宇宙中最轻、最简单、也最丰富的元素“氢”所产生的特殊电磁辐射，也是任何外星文明揭露自己存在最可能的选择。他记录数据并仔细检查，试图从背景噪音中找出任何夹带的有意义信号。他每天记录数小时，但持续记录数个月的数据经过比对之后却一无所获，除了来自一架高空飞过的飞机所发出的信号之外。但是德雷克并不气馁，他始终认为，这个过程就像买乐透彩券一样，只有在手气好得出奇的情况下才会得到某些发现。再接再厉的德雷克来年筹办了第一次的SETI（Search for extraterrestrial Intelligence，地外文明搜寻计划）会议，邀请了据他所知当时可能对这个议题感到兴趣的所有科学家（共计12人）。为了专注地进行研究，他提出一条数学方程式，用来计算地球上侦测得到无线电波信号的银河系内文明总数（N）。他将其他7个数字相乘，算出这个数目。这个如今以他命名的方程式如下：

$$N = R^{*} \times fp \times ne \times fl \times fi \times fc \times L$$

这很容易解释。我将逐一介绍每个符号代表的意义，并且在括号内附上德雷克进行初次计算时所假定的数值，如此一来读者便可以得知他如何算出最后的数目。第一个符号R^{*}代表银河系中每年新星形成的平均数目（德雷克假设这个数值是每年10颗）。下一个fp 代表这些恒星拥有行星系统的比例（0.5）; ne是每个太阳系拥有适合生命环境的行星数量（2）; fl、fi、fc 则分别代表这些行星上真的出现生命的比例（1）、孕育生命的行星中出现智慧生命的比例（0.5）、这些文明的科技发展到能向外层空间发送信号的比例（1）。最后，L 则代表这些文明持续向宇宙发送可侦测信号的时间长度（1万年）。将这7个数字相乘之后，德雷克得出N = 50,000的答案。这是一个令人印象深刻的数字，足以凸显费米悖论的重要性。

但这数字的可信度如何呢？答案当然是一点也不可信。即使这7个数值就足以代表我们非知道不可的一切，得出的值也不过是个概略的推测。前三个因子R*、fp、ne 的数值在半世纪前仍不明朗，如今因为天文学与望远镜技术的进展，已变得较为确定，尤其近来陆续发现许多太阳系以外的行星（即太阳系系外行星，extrasolar planets）之后。

接下来的三个因子，则攸关具备通讯能力的智能生命出现的概率。这三者都是介于0（完全不可能）和1（必然发生）之间的任意值。德雷克使用了一些极为乐观的数值。他深信，如果在类地行星上也有适合生命存活的条件，那么生命的出现将无可避免（fl =1）；生命一旦出现，有一半的机会将演化出智慧生物（fi = 0.5）；果真如此，这个智慧族类一定会发展出电磁波相关技术，并将电磁波送进太空（fc =1），无论他们是否刻意发送某种讯息。

不过这些数值只是顺道一提罢了。德雷克方程式所做的，远比估算银河系内外星文明的数量来得重要。它揭开全世界搜寻来自太空信号的序幕，至今仍持续进行。

SETI

SETI是全世界多年来积极寻找外星讯号的许多计划的总称。自从科学家了解如何发送和接收电磁波信号开始，我们就开始倾听来自宇宙的潜在讯息，最早甚至可追溯到19世纪末叶。

1899年，生于塞尔维亚的电机工程师兼发明家尼古拉·特斯拉在其科罗拉多泉的实验室里，运用他新开发的高感度无线电接收器研究暴风雨所产生的大气电学。过程中他监测到一连串发出一、二、三、四次哔哔声的微弱数字信号。他深信这些信号来自火星。他在1901年接受杂志专访时，回忆自己当时的激动：

当我突然间领悟，这些观察到的现象可能对人类产生无可估量的后果，我永远无法忘记那一瞬间的激动……我的第一个观测结果着实把我吓坏了，其中有一些神秘的，甚至是超自然的东西。当晚我独自待在实验室里……〔电波信号〕规律地出现，带着数字与顺序的明确迹象，而我却无法为这些信号找到任何已知的成因……一段时间之后，脑海中掠过一个想法：我所观察到的干扰，很可能是出自某种智慧生物之手。[1]

虽然特斯拉的谈论招来广泛的批评，但他所侦测到的信号之谜仍未解开。

针对可能来自地外智能生物的无线电波信号，1924年美国的一项短期计划首次进行严谨的探讨。当时普遍相信，最可能存在外星文明的星球是我们的邻居火星；假如火星人打算跟我们通讯，他们会在这两颗行星最接近的时刻进行。这会发生于地球穿越火星与太

① 原注：出自《与行星交谈》(*Talking with the Planets*)，《科里尔周刊》(*Collier's Weekly*)，1901年2月19日，第4至5页。

阳之间的时候，称之为“冲”（opposition）。这个现象有一次发生于1924年8月21日至23日之间，这时候的火星是数千年来最接近地球的一次（这个纪录在2003年8月打破，接下来在2287年还会再度打破）。当时人们认为，如果真的有火星人，他们会利用这次大接近的机会将信号传送到地球。美国海军非常认真地看待这个观点，为此推行了一个“全国无线电静默日”，要求全国各地所有电台在火星通过的36小时内，每逢整点关闭5分钟。位于华盛顿的美国海军天文台，则在一艘上升到1万英尺高的飞船中安装一部无线电接收器，全美各地的所有海军无线电台也奉命监控是否出现任何异常的电波。但他们所听到的只有一片寂静，以及那些未遵守无线电静默日的私人广播电台所发出的信号。

在德雷克的原始计划之后，SETI 运动才算真正风起云涌，并且将搜寻范围扩大到太阳系以外。以下说明能使读者了解电波望远镜已将监听范围扩展至多远。德雷克在1960年监测的两颗恒星大约在十光年以外，约是火星到地球之间距离的200万倍。这有点像你把一只杯子贴在你的墙上想偷听邻居的交谈，却什么也没听到，于是你决定在伦敦偷听纽约的对话。最关键的部分，显然在于决定电波望远镜究竟要指向何处。

加州的SETI 研究机构（SETI Institute）成立于1984年，数年后开始执行“凤凰”计划，由天文学家吉儿·塔特主导，她也是卡尔·萨根的小说《接触未来》主角的灵感来源。1995至2004年间，凤凰计划使用位于澳洲、美国与波多黎各的电波望远镜，观测距离地球200光年以内的800个类日恒星。他们什么也没找到，但这个计划为研究外星生命建立起极有价值的信息来源。塔特与天文学家同事玛格丽特·特恩布尔合作，将可能拥有足以蕴育生命行星系统的邻近恒星（称为"适居恒星"，habstars——habitable stars）分门别类，这个目录被称为"适居恒星表"（HabCat），目前已包含超过17000颗恒星，其中大部分距离地球数百光年以内，并拥有适当的条件和特性，使他们成为可能拥有类地行星环绕运行的候选恒星。

2001年，微软联合创办人保罗·艾伦同意资助SETI设立无线电波望远镜数组的首期建造工程，称为艾伦望远镜数组（或ATA）。这个兴建工程仍在旧金山东北方几百英里处持续进行中。完工后，350个直径6米的无线电接收碟盘将同时运作。第一阶段工程在2007年完成，共有43具天线开始运作。但由于政府删减研究经费，这个计划在2011年初暂时中止。不久之后，一个新成立的社群团体开始寻求私人赞助，以便重启该计划。数千民众慷慨解囊提供捐助，其中包含电影明星茱蒂·福斯特，她在改编自卡尔·萨根小说的好来坞电影《接触未来》中饰演吉儿·塔特。这一切都让我感到暖心而满足。

目前寻找ET的活动毫无放弃的迹象，反而变得更加热络。截至目前为止，我们只在电磁波频谱中有限的范围内，仔细观测了几千颗恒星。ATA计划探索远达1000光年内的100万颗恒星，搜索的频率范围也更广。德雷克当初决定观察星际氢元素产生的14.2亿赫兹（1.42GHz）电波，这是个明智的选择。我们的天空非常吵杂，充满来自各处的无线电波，包括银河系噪音、带电粒子穿过地球磁场产生的噪音，以及宇宙形成之初遗留下来的微波背景辐射。ATA所监测的频率范围介于10亿到100亿赫兹（1~10 GHz），称之为“微波窗口”，是电磁波谱当中特别安静的区段，非常适合用于探索地外生物的信号。

近年来，严谨的学术研究主要着重于搜寻可能孕育出智慧生命的类地行星，而非智慧生命的迹象。时至今日，太阳系外行星的搜寻仍是科学研究中最热门的领域之一。

系外行星

我相信我不是唯一一个对于太阳系外行星（简称系外行星）的搜寻与研究感到格外兴奋的人。观察与研究恒星是一回事，从恒星所发出的光当中，我们能够获得许多关于其组成及运行方式的信息。但研究行星则是另一件事，它们不仅远小于恒星，而且只能反射主星的光，其亮度甚至比最暗的恒星还暗百万倍。因此，我们只能以间接的方式推断它们的存在。最常用的方式是所谓的“凌日法”（transit method），也就是当行星经过恒星前方时，会使恒星亮度略降的现象。另一种方式，则是观察行星的引力对于质量大很多的主星所造成的影响，主星会产生轻微的摆动。这种现象可以由恒星朝向或远离我们运动时，其光谱所产生的频率变化（亦即多普勒频移）中观测到，或者直接测量其位置变化亦可。

让天文学家们特别感兴趣的是一些类地行星，它们像地球一样由固态岩石构成，拥有和地球相近的引力，而且与主星的距离适中，水能以液态存在于星球表面，使得它们具有繁衍生命的潜力。截至我撰稿为止，我们已经发现了700颗左右的太阳系外行星。不过，这个数据很可能会急剧增加。2009年，美国航天总署的开普勒任务发射一艘宇宙飞船，上面载了发现系外行星所需的仪器。2011年2月，开普勒研究小组公开一份包含了1235颗可能的太阳系外行星名单，其中有54颗行星似乎落在适居带，当中还有6颗行星与地球大小相同或类似。

据估计，银河系中至少有500亿颗行星，其中至少有1%（也就是5亿颗）落在适居带。另外一种方法则估计这种适合居住的类地行星总共高达20亿颗以上，其中的3万颗距离地球1000光年以内。

截至目前为止，有两颗已证实落在适居带的系外行星特别引起科学界瞩目，并不是因为它们出现任何支持生命存在的证据，而是因为它们可能是最接近地球的“适居带行星”（Goldilocks planets）。它们拥有适合生命存在的条件，既不太热，也不太冷，就像童话故事中熊宝宝的麦片粥一样。第一颗行星叫做格利泽581d（Gliese 581d），绕着格利泽581红矮星运转，位于距离地球20光年的天秤座中。这颗行星名字结尾的字母d，表示它是被发现绕此恒星公转的第三颗行星（每一颗恒星的行星都是按照字母顺序由b开始命名，恒星本身则是A）。格利泽581d行星的大小是地球的5倍以上，最近的气候仿真研究显示，它拥有稳定的大气层，星球表面有液体水。另外还发现其他几个可能适合居住的行星也围绕着这颗恒星运行，不过尚有待确认。

第二颗候选行星是HD85512b，围绕恒星HD85512公转——这么命名是因为它被收录在亨利·德雷柏的恒星目录中。它位于距离我们36光年的船帆座中，是至今发现最小的适居带系外行星之一，目前被认为是最有可能存在外星生命的行星。它的大小约为地球4倍，表面引力为地球的1.5倍，大气顶层温度估计为25℃，地表上的温度未知，但可能高上不少。它的1年（也就是环绕主星1周所需的时间）只有54天。

更令人兴奋的是，2011年年底，开普勒任务宣布第一个确认存在的系外行星开普勒22b（Kepler 22b），相较于格利泽581以及HD85512这两颗恒星与地球的距离，虽然其主星距离地球更遥远（将近600光年），但它非常类似我们的太阳（G型主序星）。初步估计开普勒22b的直径约为地球数倍大，不过它究竟多大还不确定；我们也还无法确认它是否像地球一样是颗岩石行星，或是类似木星和土星的气体行星。如果确定是由岩石组成，那么很可能在它表面会有液态水；而它以适中的距离环绕着一颗类似太阳的恒星公转，使它成为能够孕育生命的潜在候选行星。

我们是否能在短期内找到以上所有问题的解答，这点仍值得商榷，但我们在短时间内已经在系外行星的研究上获得丰硕的成果，而新发现仍将继续纷至沓来。

我们有多么特别

当然，适合生物生存的行星很重要，不过最大的问题是：在适当的条件下，其他星球有多大的机会能孕育出生命？要回答这个问题，我们得了解地球上的生命是如何开始的。

我们的星球充满了植物、动物及细菌等生物。许多物种似乎能在最恶劣的环境中茁壮成长，特别是微生物——从极冷到极热，不论有没有阳光。生命的多样性，加上生命似乎在初生的地球冷却下来不久之后随即欣欣向荣，从这些情况来看，生命的出现并不是很困难的一件事。但这个观点是否正确呢？我们现在知道，宇宙他处（或者更确切地说，在太阳系里的别处）至少存在着适合细菌生存的环境条件，因此我们可以合理预期，生命或许已经在其他星球上出现。可单就我们所居住的地球而言，它有多特别呢？

地球离太阳的距离恰到好处，不会太热，也不会太冷。巨大的木星在地球轨道之外环绕太阳运转，这也对地球有益，因为木星就像保护弱小的大哥，它强大的引力吸引了许多在太空中游荡的碎片，防止它们抵达地球轨道撞上我们。地球的大气非常重要，不仅因为它提供我们呼吸所需的空气（毕竟生命在地球大气含有氧气之前就出现了），而是因为它与电磁辐射产生交互作用。在可见光下大气是透明的，但它会吸收一部分的红外光（热），不论在它（从太阳发出）进入大气层或离开大气层（地表辐射）的过程中皆然。这种“温室效应”使大气变暖，让水能以液态形式存在于地表上，比起冰或水蒸气，液态的水对于孕育生命更有利。

我们的月亮也极为重要。它的引力使地球的自转稳定下来，让地球拥有稳定的气候以供生命繁衍；而在月亮环绕地球运行的过程中对地幔产生的潮汐力，可能帮助地幔升温并使地球产生磁场，特别在数十亿年前当它距离地球比现在更近的时候。这个磁场进一步保护我们的行星免受太阳风的吹袭，否则地球的大气将会被太阳风吹入太空中。

即便是板块运动这类过程也不可或缺，因为它们帮忙回收稳定大气温度所需的碳，并且补充地表上生物所需的养分；它们可能也有助于地球磁场的形成。

或许，我们的行星真的非常特别。这是否就意味着生命的诞生乃是必然的结果？一旦生命出现并由演化机制接手，生命就会自行寻找出路，但真正的课题在于如何跨出第一步。

一般认为地球上第一种生物是单细胞的原核生物（prokaryotes，一种没有细胞核的简单生物体），出现在距今约35亿年前。这些生物有可能是由原生体（protobionts）演化而来；原生体是被一层膜包住的有机分子集合体，具有繁衍与代谢的能力，而这正是生命的两个关键特征。

我们还不知道的是，哪些一系列的事件使得如氨基酸（形成蛋白质所必须）与核苷酸（我们的DNA构成单元）这些有机分子结合成第一个“繁殖体”。“生命如何开始”是科学上最重要的问题之一，被称为无生源论（abiogenesis）。许多人将“生源论”（biogenesis，生命只能由其他生命产生的理论）与“无生源论”（生命由无机物质诞生的自然过程，即化学如何转变成生物学）混为一谈。无生源论的研究是为了找出一般称之为“自然发生”（spontaneous generation）的神奇步骤，也就是将无生命的物质转化为生命的过程。

有人认为，地球上生命的自然发生是极端罕见的，就好像一阵强风吹过垃圾场之后，从该处的材料中碰巧造出一架完整的大型喷射客机。这些人认为，这就是有机分子碰巧正确地组合在一起形成最简单生命型态的概率，简直是某种不可思议的巧合。这个类比恰当吗?

芝加哥大学的史坦利·米勒和哈罗德·尤瑞在1953年进行了一项著名的实验，试图解答这个问题。他们想看看是否能在试管中由基本成分创造出生命。他们将水与三种气体混合，分别是氨、甲烷和氢，认为这种组合与地球早期的大气成分相符，并加热使其汽化。接着他们透过两个电极产生火花，模拟地球大气层中的闪电，再将蒸汽冷凝。经过一个星期不断重复这个过程后，他们发现有机化合物开始形成，包括对生命不可或缺的氨基酸在内，它们在活体细胞中会依特定顺序组成蛋白质。但完整的复杂蛋白质在实验中并未出现，也没有发现另一种生命的关键成分核酸（例如DNA和RNA）。

尽管这个开端充满希望，但在这个重要实验进行超过半世纪以来，科学家却尚未创造出人造生命。生命自发产生的可能性真的这么微小吗？我们知道它至少发生过一次，我们的存在就是最好的证明；然而有个有趣的问题是，现今地球上的所有生命是否源自单一祖先？如果不是的话，就意味着生命的自然发生不只出现一次，也可能不如我们所想的那么特别。

最近一项备受争议的研究似乎挑战了这种想法。它是关于在加州某个奇怪的沙漠湖中所发现的“GFAJ-1菌株”（这证明微生物学家在为其发现命名时，与天文学家一样缺乏想象力）。莫诺湖约形成于100万年前，其化学组成非常不寻常。它的咸度是海洋的两到三倍，含有氯化物、碳酸盐和硫酸盐，具强碱性，pH值是10。虽然湖里没有鱼，湖水的化学成分却令它成为某种单细胞藻类以及数以兆计微小盐水虾的理想栖息地。每年当中有几个月的时间，有数以百万计的候鸟在此聚集，这些盐水虾正好成为候鸟的主食。喔，对了，湖中还含有丰富的砷。

以费利莎·沃尔夫-西蒙为首的一支NASA（美国航天总署）生物学家对微小的GFAJ-1细菌产生兴趣，它似乎能够摄取砷维生——这件事前所未见，因为砷是一种对其他所有生命具有毒性的元素。我们知道地球上的生命有各种不同的元素，但DNA本身仅由五种成分构成：碳，氢，氮，氧和磷。问题在于，它们是否能被其他化学性质相似的元素所取代。砷在周期表中位于磷的下方，具有相似的原子结构。NASA的研究人员知道，GFAJ-1对砷有耐受性，他们也知道莫诺湖中磷的含量很少。于是他们把它放在富含砷的养分中培养，结果它继续成长，即便养分中的磷完全被移除。细胞复制时需要建立新DNA 的原始素材，在缺乏五种关键成分之一的情况下，这些生物是如何活下来的?

这支研究团队在2010年底发表他们的研究成果，随即在全球科学界引起一阵风暴。他们声称，GFAJ-1事实上将其DNA结构中的磷换成了砷。如果这是真的，那么我们正面对一个意义重大的问题：这些微生物是透过演化而获得代谢砷的能力，还是它们源自另一个独立的无生源事件？如果是后者，我们就知道生命可能源自两个不同的情况，它或许不那么罕见。

我们仍然不知道地球上的生命是如何开始的。即使有朝一日我们能够回答这个问题，智慧生命出现的可能性有多大，又是另一个未解的谜。毕竟有可能生命现象出现在银河系的许多地方，但智慧生物却仅存在于一处。

针对乌鸦行为的近期研究显示，这种禽鸟循着与人类完全不同的演化路径，演化出相当出色的智慧。如果真的如此，智慧也许是达尔文演化论的必然结果。这个问题以及其他议题（例如数十亿年前单细胞生物如何演化为多细胞生物）将告诉我们，从无生源论到人类出现，两者之间漫长演化历程中的许多重要步骤，是否能在宇宙别处发生。

人择原理

有一个比费米悖论更深刻的问题，我得在本章结束前提一下。关于这个问题的探讨之前只局限于哲学界，近几年则进入主流物理学的范畴。问题核心是一个叫做“人择原理”的概念，探讨我们的宇宙（至少在我们所处的小角落）有多么微小的概率，恰好微调到如此适合人类生存。现代版本的论点由澳洲宇宙学家布兰登·卡特于1973年在一场庆祝哥白尼诞生500周年的科学会议中提出并加以阐明，该会议在波兰举行。卡特的叙述如下：“我们成为观察者所需的必要条件，必然会限制预期观察到的一切。虽然我们不一定身处于宇宙中心，但在某个程度上无疑占据了某种特殊地位。”在这种场合提出这样的想法特别引人注目，因为哥白尼正是第一位提出人类在宇宙中并未占有特殊地位的科学家。卡特却在此提出，整个宇宙之所以看起来像目前的样貌，是因为一旦宇宙有些微不同，我们将不复存在。

让我从我的专业领域核物理学出发，提供读者一个例子。自然界四大基本作用力的其中一种是强核力，这种力能将原子核结合起来。两个氢原子核（只有一个质子）无法结合在一起，因为强核力的强度还不足以做到这件事。但它的强度却足以使一个质子和一个中子结合，产生氘（即“重氢”原子的原子核）。这种原子核在氢转变成氦的核融合反应过程中扮演关键性的角色；这个反应点燃所有的恒星，并为我们提供孕育生命的太阳光与热。如果强核力稍稍变强一点呢？它的强度有可能足以结合两个质子，让氢转换成氦的过程变得容易许多。果真如此的话，宇宙中所有的氢将在大爆炸发生后随即消耗殆尽。没有氢，就不会与氧结合成水，因此（据我们所知）就没有孕育出生命的机会。

人择原理似乎指出，我们的存在决定了宇宙的某些特性，因为一旦产生些微的差异，我们可能就不会出现在这里问这些问题。不过，这点真的有这么值得讨论吗？如果宇宙真的变得不一样，或许我们（不论“我们”指的是什么）也会依照那些条件所允许的方式演化，而且仍然会问：为什么宇宙微调得这么刚好？思考这个问题的方法之一就是问自己：你是怎么来的？你的父母相遇并生下你的概率究竟有多高？他们的父母生下他们的概率又有多少？一直推演下去。我们每个人都在漫长的一连串偶发事件的其中一端，另一端可以一直回溯到生命本身的起源。只要其中任何一个环节出了差错，你就不会存在。如果愿意，你可以思考人择原理怎么运用到你身上；但比起中乐透的人思考他何以如此好运，思考这件事并没有更有意义。如果开出的不是他的号码，照样有别人中奖，而且他可能也会思索不可思议的好运从何而来。

卡特的论点后来被称为弱人择原理。除此之外还有强人择原理，指出宇宙非得成为目前的样貌不可，好让智慧生物能在某个时间点于某处诞生，以便对其存在提出质疑。这个版本有些微不同，带有更多臆测性质，我个人认为是无稽之谈。它赋予宇宙某种目的性，并且宣称为了我们的诞生，宇宙借由某种方式迫使自己呈现目前的样貌。这种论点甚至衍生出复杂的量子力学版本，足以和薛定谔的猫悖论“具有意识的观察者”的解答相提并论——因为我们对宇宙的观测，使宇宙的过去开始存在。在所有可能出现的宇宙当中，我们“选择”了能让我们存活于其中的那一个。

有个更简单的方法能帮助我们解决人择原理的难题——如果我们接受多重宇宙的多元性。如果每一种可能的宇宙都存在，那么发现自己生活在一个对我们而言恰到好处的宇宙，一点都不奇怪。

让我们回到开头的地方，也就是费米所提出关于太空安静得出奇的问题，来为本章做个总结。这个对我们而言微调得恰到好处的宇宙，对于与我们相去不远的其他生命形式来说，也会是个微调得恰到好处的宇宙。广大宇宙中数以亿计的星系意味着着，不论地球有多么特殊或孕育出生命的机会多么渺小，宇宙某处仍极可能也有生命存在。但或许，我们只是独自生活在银河系的小角落里。

为什么我们依然继续寻找外星生命，尽管有可能只是白费力气？因为我们不断寻求关于存在这个基本问题的答案。生命是什么？我们是独一无二的吗？身为人类的意义是什么，我们在宇宙中又处于什么地位？即使我们找不到这些问题的答案，我们仍会持续提出这样的问题。

第十一章

悬而未决的问题

REMAINING QUESTIONS

粒子能移动得比光速快吗？
我们是否拥有自由意志？以及其他未解之谜……

希望读者们都认同，我们已经成功地挑战并破解最值得探讨的9大科学悖论。我们已经驱逐了精灵，拯救了猫和外祖父，阻止了孪生兄妹之间的争执，与夜晚的星空握手言和，并且纠正了希腊人芝诺。但你或许会怀疑，我特意选择已被科学完美破解的悖论，刻意略过其他悬而未解的难题，因为解答尚未找到。没错。我们的宇宙依然充满奥秘，令人着迷不已。

这些未解的难题与奥秘都属于三大类问题的其中一类（或数类）：科学即将厘清与解决的问题；科学有朝一日（也许在长远的将来）希望能解决的问题；以及科学可能无法解答的哲学或形而上学问题，其原因包括超过科学的范畴，或者我们无论如何都想不出探讨问题的方法，遑论提出令人满意的解答。

第十一章

悬而未决的问题

在本书末尾，我只打算将一些待解的问题分门别类，而非巨细靡遗地陈述这些问题。要强调的是，以下问题的排序并非依照我个人认为它们多快能获得解决；此外，这份清单也是我个人极为主观的选择，既不具全面性，亦不局限于造成悖论的问题与疑惑。我之所以把它们列出来，是为了凸显宇宙还有多少课题有待我们研究，以及我们目前的进度究竟到哪里。

首先列出属于第一类的10个问题。预期在我有生之年，科学将会找到满意解答：

1. 宇宙中的物质（matter）为何比反物质（antimatter）多得多？

2. 暗物质（dark matter）是由什么构成？

3. 暗能量（dark energy）究竟是什么？

4. 有可能打造出全功能的隐形斗篷吗？

5. “化学自组装”（chemical self-assembly）在生命的形成上扮演多大的角色？

6. 有机分子长链如何折迭成蛋白质？

7. 人类的寿命长度是否有个绝对上限？

8. 记忆如何在大脑中储存与撷取？

9. 我们是否有朝一日将具备预测地震的能力？

10. 传统硅芯片的运算极限在哪？

接下来是10个我相信科学终将解决的问题，但不确定是否能在我的有生之年实现：

1. 粒子是否真的由微小的、振动的弦所构成？或者弦论不过是一种聪明的数学罢了？

2. 大爆炸之前的宇宙有什么？

3. 隐藏维度（hidden dimensions）真的存在吗？

4. 大脑由何处产生意识？如何产生意识？

5. 机器能具有意识吗？

6. 返回过去的时光旅行是否可能发生？

7. 宇宙是什么形状？

8. 黑洞的另一头有什么？

9. 是否有比量子的诡异特性更基本的物理原理？

10. 有没有可能进行人体的量子瞬移传送？

最后则是许多人认为属于科学范畴，但我认为科学恐怕无法回答的问题：

1. 我们是否拥有自由意志？

2. 平行宇宙真的存在吗？

3. 造成宇宙出现并存在的原因是什么？

4. 究竟是我们发明数学来描述宇宙，抑或是物理方程式本来就存在，只等着我们去发现呢？

比光还快吗

在最后一章结束之前，我想提供读者一个许多人认为是潜在悖论的范例——如果近期的某个实验结果可信的话。截至本书撰稿时为止，粒子物理学界有两个悬而未解的谜，它们成为2011年举世皆知的头条新闻，而日内瓦CERN（欧洲核子研究机构）的粒子加速器进行中的实验正企图解决它们。第一个问题是，粒子是否能跑得比光速快；第二个则是难以捉摸的希格斯玻色子是否真的存在，这种粒子带给宇宙万物各自的质量。至截稿为止，这两个问题的答案仍然没有定论，都需要更进一步的实验确认。为了让这本书不至于一下子就过时，我冒险预测了这两个问题的解答：希格斯玻色子的存在将会在2012年夏天获得证实，而名为微中子的亚原子粒子将会被确认以略低于光速行进。不过万一我的预测出错，届时请不要来找我算账。①

上述的两个重大消息分别是：备受争议的“某些微中子能行进得比光速快”，以及初步发现希格斯粒子的存在。而前者较符合我们对于科学悖论的定义。

截至目前为止，故事是这样的：瑞士的CERN实验室及意大利的格兰沙索国家实验室进行一项合作研究，测量行经两个实验室之间微中子束的传递速度，这条454英里的直线路径穿过地表下的坚硬岩石。这些微中子之所以能像穿越太空一样穿过地球前进，是因为它们几乎不会与任何物质产生交互作用。事实上，此刻正有数以兆计的微中子（其中多数由太阳产生）正穿过你的身体，而你却浑然

① 本章中的两大未解问题都已经尘埃落定，后续进展如下：
1. 关于OPERA实验所侦测到的微中子速度异常现象，该实验团队在2012年2月发现GPS接收器到OPERA主定时器之间的线路连接不良，导致测量到的微中子抵达时间提早了。修正此一误差后，根据OPERA于2012年7月宣布的最终结果，微中子速度并未超过光速。
2. CERN已于2012年7月4日正式宣布，确认希格斯玻色子的存在。作者在文中对于这两个问题解答的预测都是对的。

不觉。

这个名为OPERA（“乳胶寻迹仪微中子震荡计划”的缩写：Oscillation Project with Emulsion-tRacking Apparatus）的合作计划，其核心是一部座落于格兰沙索的大型精密仪器，能够捕捉到极小部分这种难以侦测粒子的轨迹。2011年9月，参与研究的科学家宣布，他们记录到由CERN发射出来的微中子，抵达时间比光提早了一兆分之60秒。这个速度虽然只比光快上一点点，但依旧不可思议。

根据我们对物理定律的了解，没有任何物体能快过光速。不过根据我的经验，在爱因斯坦的相对论中，最令一般人难以接受的部分正是这个宇宙速限。自从爱因斯坦于1905年发表他的理论以来，已经有数以千计的实验结果确认其正确性。不仅如此，现代物理体系的美妙绝大部分建立在相对论的基础上。重点不在于光有多么特别，而在于这个速限与时空结构合而为一。

但如果爱因斯坦错了呢？该怎么解释OPERA的发现？科学理论存在的目的乃是为了成为箭靶，让新的实验证据证明其局限性，并且用更精确、涵盖范围更广的理论取而代之。不过，石破天惊的主张需要石破天惊的证据支撑，而OPERA的科学家是第一批承认不知道为什么会出现这种结果的人，他们无法从他们的实验细节中挑出任何毛病。

在媒体大肆渲染爱因斯坦出了差错之后，戏剧性的转折出现了。另一项也在格兰沙索进行、名为ICARUS的对手实验，也捕捉到一小部分来自CERN的微中子，但这个实验测量的是它们所携带的能量，而非行经这段距离所耗的时间。在OPERA的初步结果公布之后，随即有理论物理学家指出，如果微中子真的超越光速，那么它们将会一路释出辐射，不断丧失能量。如果它们没有丧失能量，就有如飞机突破音障却不产生音爆一样奇怪；这是不可能的。

ICARUS实验的科学家宣布，他们并未发现任何关于微中子释放出这种辐射的证据，抵达的微中子所具有的能量与发射时相同。因此，这种粒子可能并未行进得比光还快。

重点在于，相对于OPERA证明爱因斯坦的错误，ICARUS并未能更加有力地证明爱因斯坦的正确性。两者都是实验测量的结果，而非“发现”。必须由其他实验室独立进行一项新的实验，才能适当地进行验证。我相信，新的实验将会证明光速仍然保持世界纪录的地位。

不过，如果微中子真的比光还快，我会满心欢喜。这个发现一旦证实，将成为全世界物理学家的乐园。大家会进行脑力激荡，整个黑板写满方程式，而诺贝尔奖将是解决微中子悖论的新爱因斯坦的囊中物。